FILOSOFIA AO PÉ DO OUVIDO:
FELICIDADE, ÉTICA, AMIZADE E OUTROS TEMAS

PAPIRUS ◆ DEBATES

A coleção Papirus Debates foi criada em 2003 com o objetivo de trazer a você, leitor, os temas que pautam as discussões de nosso tempo, tanto na esfera individual como na coletiva. Por meio de diálogos propostos, registrados e depois convertidos em texto por nossa equipe, os livros desta coleção apresentam o ponto de vista e as reflexões dos principais pensadores da atualidade no Brasil, em leitura agradável e provocadora.

CLÓVIS DE BARROS FILHO
ILAN BRENMAN

FILOSOFIA AO PÉ DO OUVIDO:
FELICIDADE, ÉTICA, AMIZADE E OUTROS TEMAS

PAPIRUS 7 MARES

Capa	Fernando Cornacchia
Coordenação	Ana Carolina Freitas
Edição	Fluxo Editorial Serviços de Texto e Ana Carolina Freitas
Diagramação	Guilherme Cornacchia
Revisão	Marco Antonio Storani

Dados Internacionais de Catalogação na Publicação (CIP)
(Câmara Brasileira do Livro, SP, Brasil)

Barros Filho, Clóvis de
 Filosofia ao pé do ouvido: felicidade, ética, amizade e outros temas / Clóvis de Barros Filho, Ilan Brenman. -- Campinas, SP : Papirus 7 Mares, 2024. -- (Coleção Papirus Debates)

ISBN 978-65-5592-052-9

1. Filosofia I. Brenman, Ilan. II. Título. III. Série.

24-207060 CDD-100

Índices para catálogo sistemático:
1. Filosofia 100

Cibele Maria Dias - Bibliotecária - CRB-8/9427

1ª Edição – 2024

Exceto no caso de citações, a grafia deste livro está atualizada segundo o Acordo Ortográfico da Língua Portuguesa adotado no Brasil a partir de 2009.

Proibida a reprodução total ou parcial da obra de acordo com a lei 9.610/98.
Editora afiliada à Associação Brasileira dos Direitos Reprográficos (ABDR).

DIREITOS RESERVADOS PARA A LÍNGUA PORTUGUESA:
© M.R. Cornacchia Editora Ltda. – Papirus 7 Mares
R. Barata Ribeiro, 79, sala 316 – CEP 13023-030 – Vila Itapura
Fone: (19) 3790-1300 – Campinas – São Paulo – Brasil
E-mail: editora@papirus.com.br – www.papirus.com.br

Sumário

É possível ser justo? 7
A coragem de ser sábio 33
O que é felicidade? 61
O bem e o mal 83
Ética e conduta 109
O papel da educação 133
Liberdade e igualdade 157
A importância da amizade 183
Glossário 205

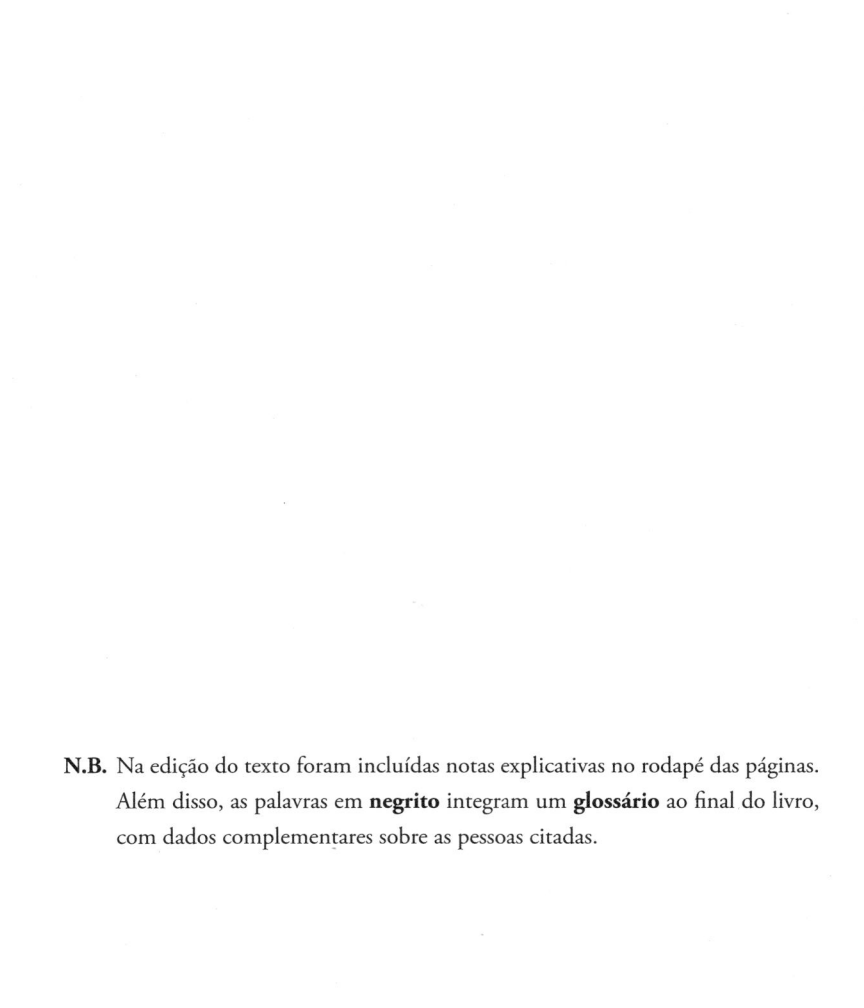

N.B. Na edição do texto foram incluídas notas explicativas no rodapé das páginas. Além disso, as palavras em **negrito** integram um **glossário** ao final do livro, com dados complementares sobre as pessoas citadas.

É possível ser justo?

Ilan Brenman – Clóvis, eu gostaria de iniciar a nossa conversa contando uma história de Nasrudin Coja. Nasrudin é um personagem turco, mas suas histórias se espalharam por vários países da Ásia. É o chamado "sábio idiota". Porque ele se passa por idiota, mas, na verdade, é um grande sábio. Ele faz as pessoas rirem, e, com a risada, acessa a informação. Há estátua de Nasrudin no Cazaquistão, na Turquia... Os povos brigam entre si para saber quem é o "dono" de Nasrudin. Ele seria um pouco como Pedro Malasartes,* ou Pedro Urdemales, como é conhecido na Espanha.

---

* Personagem do típico malandro, presente na cultura popular de diversos países. (N.E.)

A história de Nasrudin à qual me refiro fala de três crianças na Turquia que ganham doces do cozinheiro real do Califa. Elas recebem o presente, e tem início uma briga generalizada para que haja uma divisão justa dos doces. Nesse exato momento, passa o Mulá Nasrudin, o Grande Nasrudin, e um menino o chama. "O que vocês querem, crianças?" "Queremos dividir esses doces em três. Você pode nos ajudar?" Ao que ele responde: "Vocês querem que eu faça uma divisão segundo a lei dos homens ou de acordo com a lei de Deus?". Em uníssono, todos respondem: "Deus, é claro, Mulá". "Certo, me deem todos os doces." Ele pega, então, todos os doces e dá a maior parte para uma das crianças. Depois, pega um único doce e o entrega para outra. A terceira criança fica sem nada. Elas reclamam: "Mas o que é isso? O que foi que você fez?". "Bom, vocês pediram que eu dividisse os doces de acordo com a lei de Deus. Deus dá muito a alguns, pouco a outros e nada ao resto. Adeus."

Clóvis de Barros Filho – Você toca em um problema que é maravilhoso, Ilan. **Aristóteles** chamava de "justiça distributiva", sobre a qual ele faz toda uma tipologia no quinto livro de *Ética a Nicômaco*.* Segundo Aristóteles, justiça, antes de mais nada, é o que a lei diz. Agora, e se a lei

---

* A principal obra de Aristóteles sobre ética. Versão em língua portuguesa publicada pela Nova Cultural. (N.E.)

não disser nada? E se a lei for injusta? Portanto, não podemos ficar apenas com a lei.

Pensemos, em um primeiro momento, na maneira mais justa de distribuir alguma coisa: bens e custos, vantagens e desvantagens. Qual será o jeito mais justo? Tendo sempre em vista Aristóteles e o Livro V, que nos acompanha como se fosse uma cartilha – *Ética a Nicômaco* talvez seja a mais relevante catedral de filosofia moral da história do pensamento –, pensemos em um bolo de aniversário, por exemplo. Bolos de aniversário são fascinantes. Meu pai se dedicava a temáticas diferentes a cada ano. Certa vez, eu me lembro, o tema foi avião. É incrível como aquele avião no bolo de aniversário, eu diria, concentrou 90% da alegria infantil à qual me lembro de ter vivido. Entrei em completo delírio com aquele avião. Bem, como dividimos um bolo? Se há dez crianças aqui, daremos um pedaço igual para cada uma e, desse modo, obedeceremos a uma igualdade que Aristóteles chamava de aritmética. Mas então alguém levanta a mão e diz: "Eu não acho justo. Porque eu ajudei a fazer o bolo. Acho que quem ajudou merece um pedaço maior". Então, outro reclama: "Eu limpei isso aqui antes e enchi as bexigas. Quem fez isso tem direito a um pedaço maior". "Não, não, não", um terceiro contesta, "estão todos equivocados. Porque eu, até aqui, me comportei maravilhosamente bem na festa, não dei trabalho a ninguém enquanto vocês só bagunçaram. Eu mereço um pedaço maior". E um quarto emenda: "Eu uso óculos. E quem usa óculos merece um pedaço maior porque carrega a infâmia da falta de visão". Entende o problema? Podemos dividir o bolo igualmente para cada um, ou podemos distribuir desigualmente os bens em função de alguma desigualdade de cada um dos beneficiários. A questão é que apenas transferimos o problema de um lado para o outro.

Mas, afinal, qual o critério que deve permitir a justa distribuição de alguma vantagem? Alguém poderia pensar: "Por que não damos um pedaço igual de bolo para cada um e resolvemos o problema?". Ao que Aristóteles certamente sorriria e diria: "É que raramente a vida no mundo é como uma festa de aniversário". E qual é a diferença? É que na festa de aniversário tem bolo para todo mundo. Trata-se apenas de uma questão de mais ou menos. Mas nós temos um outro problema muito pior, que é quando não tem bolo para todo mundo. E, quando isso acontece, não dá para entregar um pedaço para cada um. Portanto, necessariamente, temos que decidir quem serão os ganhadores, beneficiários, e quem serão os preteridos. Não podemos abrir mão dessa discussão sobre como vamos estabelecer essa divisão, a distribuição desses benefícios. Por isso, a história que você contou, Ilan, é maravilhosa, porque ela me remete, de fato, não a um deus, mas à própria natureza.

Vamos imaginar que cada um de nós tenha um certo número de talentos que decorrem da nossa natureza. Percebemos que alguém recebe um talento como o de **Tchekhov**, ou de **Cecília Meireles**, ou de **Carlos Drummond de Andrade**, e há os demais que vêm atrás e escrevem, escrevem, escrevem... Temos **Fernanda Montenegro** e mais artistas. Temos alguém como **João Carlos Martins**, e temos músicos aos montes. Temos **Pierre Bourdieu**, que talvez tenha sido a pessoa mais brilhante em termos de astúcia e inteligência que já existiu, e então começamos a perceber que a natureza também não dá um para cada um, nunca.

Costumo brincar com isso no que se refere ao quesito beleza. A crueldade é absurda! Vemos o **Reynaldo Gianecchini** na novela e, ao fim do capítulo, quando vamos escovar os dentes, pensamos: "Não é possível! Por que tamanha disparidade?". Para cada Reynaldo Gianecchini, existe um exército de gente de beleza, digamos, heterodoxa, alternativa.

Se, de fato, seguirmos à moda da natureza, provavelmente a distribuição será caótica e muito desigual. Talvez, quem sabe, a justiça não seja uma resistência contra a natureza. Quem sabe até uma correção da natureza. Porque houve um momento na história em que o ser humano se deu conta de que a natureza nem sempre é legal conosco.

O terremoto de Lisboa de 1775,* por exemplo. Podemos pensar: "Até aqui fomos bem nessa história de imitar a natureza, mas daqui para a frente é preciso resistir a ela". Talvez às próprias pulsões.

Ilan – Clóvis, costumo dizer que amamos a natureza, mas gostamos de nos hospedar em pousadas com ar-condicionado. Podemos amar a vida ao ar livre, mas, se ficarmos dois ou três dias em uma floresta, seremos devorados por ela. Inclusive, me lembrei de um filme maravilhoso que recomendo muito, chamado *Na natureza selvagem*.** É a história real de um jovem que decide abandonar o mundo capitalista e se aventurar pela natureza, porque achava que ela seria justa e lhe daria tudo de que precisasse. A crítica ao capitalismo aparece, e ele acha que a utopia é a natureza. Mas é uma verdadeira tragédia. Muitas pessoas seguiram esse jovem depois e também – vou dar um *spoiler* – morreram como ele. Porque a floresta não é justa nem injusta. Ela é o que é, como disse **Espinosa**. Ele, aliás, fazia uma relação entre Deus e natureza, dizendo que as duas palavras significavam a mesma coisa. Era um panteísmo, a crença de que Deus é tudo. Agora, imagine esse tipo de pensamento

---

* O terremoto resultou na destruição quase completa da cidade de Lisboa, sendo seguido por um maremoto e por incêndios, tendo levado a milhares de mortes. (N.E.)

** Filme de 2008, dirigido por Sean Penn. (N.E.)

em pleno século XVII! Espinosa era filho de portugueses fugidos da Inquisição* e que foi se abrigar na tolerante, mas nem tanto, Amsterdã. Foi lá que, aos 24 anos, ele acabou sendo excomungado pela liderança judaica local.

Mas eu queria voltar à história que contei no início sobre Nasrudin. As minhas filhas, quando eram pequenas, toda vez que eu lhes dava uma bronca, vinham com uma frase que eu escuto muito, não só delas, mas de crianças por todos os cantos: "Isso não é justo". Você acha, Clóvis, que podemos ensinar o conceito e a prática de justiça para as crianças? Acredita que isso é possível em uma sociedade complicada como a nossa?

Clóvis – Bom, eu penso que o mundo sempre foi difícil. Penso que as sociedades, ao longo da história, sempre tiveram os seus "senões", os seus problemas, as suas dificuldades. E penso que é perfeitamente possível oferecer às crianças – possível, não; recomendável, necessário, importantíssimo – um instrumental para que possam se habituar a refletir, a partir de muitos paradigmas, muitos critérios, muitas formas de análise, sobre o que torna uma ação justa. O que faz de uma cidade uma cidade justa, por

---

* Movimento político-religioso surgido durante a Idade Média, julgava e punia pessoas com comportamentos considerados desviantes pela Igreja católica. (N.E.)

exemplo? Porque a primeira grande dificuldade é saber qual é a substância do justo. Se alguém disser: "Eu gosto de chocolate amargo", essa frase não nos choca. Por quê? Porque o chocolate pode ser amargo. O chocolate é substância compatível com o amargo. Mas, se a pessoa disser: "Eu quero criar um banquinho amargo", isso é esquisito, porque o amargo não está adequado a essa substância. O amargo é um atributo incompatível com essa substância. Portanto, se temos o atributo "justo", a pergunta é: o que pode ser justo?

Se alguém disser que justo é uma pessoa, então temos um abacaxi a descascar. Porque, se falamos: "João é canalha", fazemos uma avaliação dessa pessoa, e, em função de uma ideia de justiça, tiramos uma conclusão. Mas será preciso que João seja essencialmente canalha, do nascimento à cova, que aja de modo canalha de manhã, à tarde e à noite. Isso é um problema muito grande. Poderíamos defender a ideia de que o objeto da justiça é a ação, a conduta humana. Até porque, se João agir canalhamente, ele tem a chance de melhorar e parar de agir dessa forma, não configurando, portanto, uma pessoa canalha.

Mas, além da ação humana, poderíamos dizer que os coletivos organizados podem ser mais ou menos justos também. Sendo assim, de certa maneira, "justo" é um atributo de uma substância humana individual e/ou coletiva. Se alguém disser que há um abacateiro em minha cabana e que meu abacateiro é justo, essa ideia será absurda. Um abacateiro não pode ser justo ou injusto. Se disserem que Epaminondas Badaró IV, meu gato, agiu de modo canalha, injusto ou justo, trata-se de um absurdo. Um gato não age de forma canalha nem justa, porque um animal age por instinto, que é uma resposta rígida a estímulos. Portanto, justiça é coisa da vida humana, seja da ação humana individual, seja da ação humana na cidade, na *polis*, como diziam os gregos, na corporação, no país, e assim por diante.

Trata-se, assim, de um esforço enorme de agir em nome de uma interação possível, saudável, harmoniosa. E aí, as dificuldades, como podemos imaginar, são imensas. Mas podemos ensinar isso às crianças. Tudo o que eu disse aqui é ensinável a uma criança. Por exemplo, pegamos o bichinho de estimação de uma criança e dizemos a ela: "Veja, não adianta se irritar com ele, porque ele responde mecanicamente. Se ele está agindo de um jeito que não agrada a você é porque, provavelmente, você não o ensinou a reagir mecanicamente como deseja". E assim poderíamos, pouco a pouco, mostrar que as dificuldades de reflexão sobre a justiça passam por reflexões sobre ações. Por exemplo, uma ação é boa em si mesma, ou é boa em função das consequências, dos efeitos que dela advêm, que ela produz? É a famosa questão entre o consequencialismo, de um lado, e uma ética de princípios, de outro. Onde está o problema?

O problema é que, se dissermos que uma ação é boa em função das consequências, estaremos afirmando que vale tudo para alcançar aquelas consequências. Se um vendedor é bom quando vende muito, então ele pode fazer o que for para vender muito, como mentir, enganar, iludir etc. Porque lhe dissemos que o que importa é a consequência.

Se, em contrapartida, dissermos que o que importa é o princípio, o critério usado para tomar uma decisão, então somos obrigados a aceitar que uma pessoa agiu bem, mas a consequência não importa. Isso me lembra meu oftalmologista. Eu tive um descolamento de retina e precisei operar meu olho com urgência. Meu médico usou os recursos que considerou os melhores. Imediatamente após a cirurgia eu estava bem. No décimo primeiro dia, a visão desapareceu. Fez-se noite. O médico me disse: "Eu não sei por que você não está enxergando, mas a sua retina está coladinha". Trata-se de um fervoroso defensor de um protocolo de princípios. O argumento era que a perda da visão foi por alguma variável que ele ignorava e que tinha a ver comigo. Ele adotou o procedimento correto. E, naturalmente, por mais absurdo que pareça, havia fundamento naquilo que ele me disse.

Ilan – Clóvis, você falou algumas coisas que me deixaram bem reflexivo. Ficou um questionamento: a definição de justiça pode ser universal? Porque, pelo que você disse, a justiça é local. Por exemplo, no Irã, é justo arrancar as mãos de pessoas que roubam. Em alguns países africanos, é justo realizar a circuncisão no clitóris de meninas pequenas, porque se trata de tradição. Nos anos 1930, 1940, na Itália e na Alemanha, os juízes diriam que era justo discriminar judeus, ciganos, *gays* etc. O que é justo no Brasil pode ser injusto em outro país. Não ficaria confuso para uma criança, ou mesmo para um jovem ou para um adulto, pensar nesse conceito de justiça?

Eu acredito em um conceito de justiça universal, em um humanismo que levou tanto tempo para ser construído pelos seres humanos e, em especial, por alguns como **Pico della Mirandola** e o seu *Discurso sobre a dignidade do homem*,[*] ou **Erasmo de Roterdã** com a sua defesa corajosa pela tolerância religiosa e uma educação sem violência. Isso sem falar em **Kant** – não que eu seja um especialista dos escritos do ilustre filósofo de Königsberg, na antiga Prússia Oriental, onde os cidadãos acertavam seus relógios ao ver todo dia, impreterivelmente, o famoso pensador caminhar pelas ruas. Kant discorreu bastante sobre este tema da justiça e da moral universal. É dele que advém uma frase que digo até hoje para as minhas filhas e para mim mesmo: "Tente sempre fazer o certo" – não que sempre adiante,

---

[*] Obra publicada no Brasil em 2006 pela Edições 70. (N.E.)

Kant discorreu bastante sobre este tema da justiça e da moral universal. É dele que advém uma frase que digo até hoje para as minhas filhas e para mim mesmo: "Tente sempre fazer o certo" – não que sempre adiante, mas pelo menos me empenho nisso. "Ah, mas aquela pessoa não vai reconhecer meu ato, ela não merece que eu faça nada para ela, é uma pessoa má, sinto aversão por ela" – um imperativo categórico kantiano seria este, fazermos o certo independentemente das consequências. Por isso, essa ação seria universal. É claro, falar é fácil, mas na vida real algumas situações colocam em xeque, pelo menos para mim, essa visão de mundo, como por exemplo o imperativo categórico de nunca mentir. E se a minha mentira salvar aqueles que amo? E se a minha mentira trouxer benefícios para pessoas famintas? Tudo isso é complexo, mesmo assim, essas reflexões podem nortear muitas das nossas decisões. Mas, kantianos que me perdoem – eu disse que não sou um especialista –, prefiro Erasmo e Mirandola, por mais que o humanismo deles esteja, infelizmente, em pleno declínio.

Quando você falou sobre o consequencialismo, Clóvis, imediatamente me lembrei de **John Stuart Mill** e o seu utilitarismo, que deixava bem claro que, para ele, a consequência de um ato estava relacionada ao não fazer o mal, e sim a fazer o bem, à expressão da felicidade, do prazer. Podemos esperar uma boa consequência, mas não podemos fazer mal ao outro. Se fizermos mal ao outro, estaremos errados. Aqui, lembro também de um escritor israelense de que gosto muito, chamado **Amós Oz**. Ele dizia que temos dificuldade de julgar e definir a bondade, mas a maldade todos conhecem na sua carne e alma.

Como podemos, então, falar em uma justiça universal, válida para todos os campos em todos os países, se cada região, cada cidade ou país vai por uma linha diferente?

Clóvis – A rigor, não há resposta para as perguntas que você fez. Por isso, vou explanar de um jeito que me é possível.

Platão tinha essa preocupação. Por quê? Ele tinha inimigos em Atenas. Eles se chamavam sofistas. Eram professores de retórica. Ensinavam os gregos a se dar bem na ágora, a falar com entusiasmo, a enganar os outros, a tomar decisões vantajosas para eles – segundo Platão, é claro. Os sofistas eram uma espécie de grandes debatedores e professores de grandes debatedores da ágora, e ganhavam bastante dinheiro com isso. Platão os odiava. Os sofistas viajavam muito, estudavam fora, então eles sabiam, por exemplo, que a homossexualidade era permitida em alguns lugares, tolerada em outros e completamente proibida em outros tantos. São os hábitos, como você falou, Ilan. Cuspir na rua é um exemplo. Em alguns lugares, pode-se matar alguém por isso, em outros há concursos de cuspe. Então, digamos, o justo é relativo a cada lugar e a cada época da história da humanidade. O que diz Platão? Temos o gato 1, o gato 2, o gato 3, o gato 4, o gato 10.000. E temos o Epaminondas Badaró, meu gato. São gatos particulares, digamos assim, singulares. Nenhum é igual ao outro. No entanto, quando vemos um gato que nunca tínhamos visto antes, sabemos que se trata de um gato. Como? Platão diz que temos conosco a possibilidade de acessar aquilo que, digamos, todos os gatos têm em comum. Ele chamava de *eidos* de gato. O *eidos* de gato é um só. Sabemos qual é o *eidos*, a essência, a forma, o arquétipo do gato, aquilo que todos têm em comum.

Segundo ponto, o gato morre e nasce outro, que morre e nasce outro. Ou seja, o gato particular, meu Epaminondas, por exemplo, é corruptível. Tem suas particularidades. Mas a ideia de gato é a mesma. Antes, durante e depois do meu gato, do seu gato, de outros gatos. Porque ela, a ideia, sempre existiu. Vamos, então, substituir o "gato" pela "conduta humana". O ser humano age de diferentes maneiras: um é santo, outro canalha. E os seres humanos nascem, morrem, vão embora, renascem.

Nós podemos avaliar todas essas ações por intermédio de um critério, que é nos perguntar se essas ações são justas ou não. Da mesma maneira que temos um *eidos* de gato, que é único, sempre existiu e sempre existirá, Platão dirá que temos um único *eidos* de justiça. É graças a isso que podemos saber se as ações são boas ou não. Platão usa três expressões: o particular participa do universal, o particular imita o universal, o particular manifesta o universal. Isso significa que o gato Epaminondas manifesta o *eidos* de gato, participa do *eidos* de gato, integra, imita o *eidos* de gato. Significa, ainda, que os gatos foram indo embora, mas o *eidos* de gato continua aqui. O mesmo se passa com as ações humanas e seu *eidos*, que é um só, universal, verdadeiro, indiscutível. O *eidos* de justiça, segundo Platão, existiria mesmo que o ser humano não existisse. É de fato o mundo das ideias, assim como o Teorema de Pitágoras. Quer dizer, "em um triângulo retângulo, o quadrado da hipotenusa corresponde à soma dos quadrados dos catetos", havendo o ser humano ou não. Portanto, a ideia de justiça, o *eidos* de justiça, corresponde ao que é justo, com o ser humano ou sem ele. E, em função desse *eidos*, podemos julgar.

Se desconhecemos a ideia de justiça, o *eidos* de justiça, não podemos julgar o que é justo ou injusto. Da mesma maneira, se dizemos que fulano é belo, fulana é bela, presume-se que saibamos o que é beleza, o que é o *eidos* de beleza. Dentro da caverna, temos o que é singular, transitório, corruptível, que morre, é plural etc. E, fora dela, temos o individual, o único, o eterno etc. Mas alguém poderia levantar a mão e apontar: "No Egito é assim, no Sri Lanka é assim, em Pernambuco é assado. Ali eles consideram isso insuportável. Na Idade Média era outra coisa". Ao que Platão responderia: "O problema é deles. A ideia de justiça só pode ser uma". E é claro que poderá haver inúmeros entendimentos, que serão mais ou menos próximos da ideia de justiça, mas que também poderão ser muito distantes dela.

Se alguém deseja saber o que é ou não justo, pouco importa o que diz a mãe, o professor, o presidente da República, porque a ideia de justiça é uma só e é acessível por aqueles que se dispõem a ir atrás dela. São pessoas dispostas a encontrar a verdade das coisas, inconformadas com o relativismo, com a pluralidade, a quem Platão, costumeiramente, chamava de filósofos, porque realmente amam a sabedoria.

Ilan – Fiquei ainda mais confuso!

Clóvis – Com o Estado Moderno, a justiça torna-se uma questão de Estado. Temos a justiça italiana, a justiça francesa, a neozelandesa, a brasileira etc. É possível perceber que, da mesma maneira que acontecia com os gregos, a justiça era circunscrita a uma *polis*.

Aqui, pensamos a justiça em termos de Estado territorial moderno. Agora, precisamos refletir sobre o seguinte: não adianta combater o coronavírus, por exemplo, em um lugar somente, porque isso acaba gerando novas variantes. O combate tem que transcender os Estados. É preciso que haja um entendimento da Organização Mundial da Saúde como autoridade global na gestão do problema. Caso os indivíduos representantes dos Estados não reconheçam essa autoridade, haverá disparates na solução de problemas que só fazem a alegria do vírus, e tornam ineficaz um combate que, por definição, não é um combate de Estados, de continentes, mas global. Por isso, é urgente converter a justiça de Estados-membros em uma justiça global, planetária e eficaz. Como diria **Pascal**: a força sem a justiça é tirânica; a justiça sem a força é inócua, ineficaz, frouxa, esgarçada. É um pouco o que acontece com as tentativas internacionais de articulação global, porque basta alguém que grita alto se manifestar na contramão para termos um monte de gente perturbada com essa adesão. Portanto, ainda falta legitimidade nas iniciativas de organização de uma justiça global.

Ilan – É um pouco angustiante pensar nisso porque a gente tem a sensação – e acho que é uma sensação geral –

de que muitos lugares do mundo são muito injustos. E isso, talvez, tenha muito a ver com a própria natureza humana, com a forma como a gente se comporta.

Tem um conto que recomendo muito de **Machado de Assis** que se chama "Suje-se gordo!".* Trata-se da história de um homem que relata um caso na justiça em que ele tinha sido jurado. Era um roubo mequetrefe, um roubo de nada. E esse roubo mequetrefe deu uma punição enorme para o cara! Depois, teve outro caso de um roubo atroz, mas não aconteceu nada com o sujeito. E "suje-se gordo" quer dizer roube direito! No Brasil, quem rouba pouco se ferra. Como diria um provérbio português: "Roubou um pão é ladrão, roubou um milhão é barão". É dessa sensação de injustiça que Machado de Assis já falava há mais de cem anos. Podemos encontrar isso nos textos que **Pero Vaz de Caminha** escreveu para Portugal a respeito da chegada dos portugueses ao Brasil.

Quando eu estava me preparando para este nosso bate-papo, peguei um livro de curiosidades romanas que amo. Nos textos sobre justiça e injustiça da Roma Antiga, a conversa também é esta. **Valério Máximo**, I a.C., disse: "As leis são como teias de aranha. Assim como essas, pegam as criaturas mais fracas. Mas não retêm as mais fortes. Aquelas

---

* Conto publicado em *e-book* em 2011 pela Best Books Brazil. (N.E.)

restringem os humildes e os pobres, mas não os ricos e poderosos". Isso tem dois mil anos e a sensação de injustiça ainda é a mesma. Tem jeito, Clóvis? Ou daqui a dois mil anos falarão a mesma coisa?

Clóvis – Pode parecer que eu sou um pouco obcecado com as minhas referências, mas é que as histórias se encaminham para isso. Se pegarmos *A República*,* de Platão, a conversa começa com **Sócrates** e alguns interlocutores sobre o que é justiça. Um desses interlocutores, Trasímaco, diz: "Justiça não é nada além do que é útil ao mais forte". Podemos dizer que toda *A República* é uma tentativa desesperada de enfrentamento, por parte de Platão, da tese de Trasímaco. Mas, caso cheguemos à conclusão de que será assim de qualquer maneira, quem é forte pisoteia, quem é fraco é pisoteado, então podemos ir embora. Porque essa constatação põe fim à discussão. Tanto que, para Trasímaco, a meu ver, é isso e acabou. Mas eu gostaria de convidar você, as leitoras e os leitores para uma divisão consagrada que é muito bacana de ser considerada.

De um lado, podemos refletir sobre o mundo como ele é. Podemos, então, fazer uma descrição do mundo. É mais ou menos o que faz o cientista. No nosso caso, o cientista

---

* A obra mais importante do filósofo grego, publicada no Brasil por diversas editoras. (N.E.)

social pode fazer uma sociologia da justiça. E, na sociologia da justiça, ele conclui que o mais forte, segundo tais critérios, acaba de fato sempre levando vantagem e sendo beneficiado. Portanto, esse é um ponto, descrever o mundo como ele é.

Mas não nos resta dúvidas de que existe um outro jeito de pensar. E esse outro jeito de pensar não é, digamos, um mapeamento do mundo, mas uma reflexão sobre como o mundo deveria ser. Uma reflexão, portanto, que não é mais simplesmente descritiva, e sim normativa. Poderíamos dizer propositiva. E acho que a justiça, é claro, tem que levar em consideração o mundo, os fatos, as condições materiais da vida. Porém, ela não pode abrir mão de uma dimensão de valor, isto é, de uma dimensão do que gostaríamos que acontecesse se o mundo fosse diferente do que é. Se perdermos o gosto por essa divagação, por essa elucubração, nós nos tornaremos definitivamente assinantes de uma realidade que não nos convém. E eu sou daqueles que ainda acreditam que pelo menos um pedaço da vida depende da iniciativa de quem vive. Obviamente, há muito de inexorável na vida. Mas há também muito de possível, de fissura. Nos interstícios da necessidade reside a fresta, a brecha singela da autonomia e da liberdade. E é por aí que, talvez, possamos colocar a nossa vontade, a nossa inteligência, para transformar o mundo do jeito que gostaríamos que ele fosse. Será decisiva a nossa intervenção? Ela será nos limites do nosso poder, não há dúvida. Mas ela é possível. E todos nós temos o direito de olhar para o mundo e diagnosticar que tais e tais coisas podem continuar como está, porque são maravilhosas. Já isso e aquilo é medonho, asqueroso, injusto, canalha, nefasto e faremos de tudo para transformá-lo. Pontuar essa divisão é muito importante.

Obviamente, há muito de inexorável na vida. Mas há também muito de possível, de fissura. Nos interstícios da necessidade reside a fresta, a brecha singela da autonomia e da liberdade.

Agora, podemos pensar que, quando avaliamos o que é justo e injusto, somos vítimas da nossa posição, da nossa trajetória, do nosso mundo e da nossa maneira de entendimento. Vou dar um exemplo simples. A pessoa vai a um lugar onde só tem gente rica e vê que nove entre dez dos ali presentes estão defendendo a redução dos impostos. Porque, evidentemente, se alguém é taxado de acordo com o que ganha, acaba tendo que pagar muito, e dirá, então, que a cobrança de impostos não é justa – e essa ideia de justiça advém da posição de sobretaxado por ser muito rico. Em contrapartida, se a pessoa for a um lugar onde ninguém tem nada, todos terão a expectativa de um serviço público de qualidade porque é a única coisa à qual eles têm acesso. E um serviço público de qualidade pressupõe, sim, tributação. Não tem milagre.

Podemos, então, dizer que todos olham o mundo pelo seu próprio viés, pelo seu olhar, pela sua trajetória, pelos seus afetos. Não há o que questionar. No entanto, há um pensador do século XX chamado **John Rawls**, que escreveu um livro importantíssimo chamado *Uma teoria da justiça*. Aliás, trata-se de algo curioso, porque ele praticamente só escreveu esse livro, e se tornou um dos gigantes da história do pensamento, com essa obra. Ele não tem uma metafísica, uma epistemologia, não tem um tratado de lógica. E ele sugere que, para que possa haver justiça, todos têm que abrir mão do seu eu. É o que ele chama de "véu da ignorância". Veja que coisa fantástica! Se a filosofia começa com "conhece-te a ti mesmo", John Rawls, em 1971, dirá que, para que haja justiça, é preciso ignorar a si mesmo. Ignorar de onde você vem, ignorar a pulsão, suas competências, suas virtudes, suas capacidades, seus desejos, colocar o "véu da ignorância" sobre si mesmo. É como se o indivíduo participasse de um contrato com todo o mundo. Pelo fato de ter esquecido quem é, ele poderia pensar de várias maneiras e ter inúmeras perspectivas. Isso lhe conferiria a capacidade de discernir sobre o que é melhor para todos de maneira lógica e não à luz de seu próprio interesse, do próprio resultado, do próprio prazer, e assim por diante.

Se é possível, se é viável, é preciso afirmar que esse contrato social antropologicamente nunca aconteceu. Nunca houve um Estado pré-sociedade. Ninguém decidiu: "Vamos viver em sociedade". Ou como **Hobbes**: "Entreguemos tudo na mão do Leviatã, e ele nos dará segurança". Esse episódio do contrato social nunca aconteceu. Esse contrato social em que se abre mão de tudo o que se é, de sua trajetória, de suas competências, de sua natureza em nome de uma imparcialidade necessária para que se obtenha justiça, eu entendo, mas não vislumbro a realização disso do ponto de vista prático no mundo.

Ilan – Li um livro que recomendo muito chamado *Por que as nações fracassam: As origens do poder, da prosperidade e da pobreza*,* de **Daron Acemoglu** e **James A. Robinson**. Eles dão o exemplo de Nogales do Norte e Nogales do Sul, cidades que ficam na fronteira entre o México e os Estados Unidos. Nogales do Norte é americana e Nogales do Sul é mexicana. Ou seja, elas têm a mesma geografia, a mesma origem das pessoas, o mesmo clima, mas são completamente diferentes em relação à justiça, às instituições. É como se fossem o Brasil e os Estados Unidos em uma fronteira de dois passos de distância um do outro. Os autores apontam que as diferenças entre uma e outra cidade estão relacionadas ao desenvolvimento das instituições. As instituições dos Estados Unidos são de tal forma robustas e bem sedimentadas que

---

* Obra publicada no Brasil em 2022 pela editora Intrínseca. (N.E.)

atendem à demanda por justiça. Já no México e, portanto, em Nogales do Sul, não. Em contrapartida, sabemos de países que também têm instituições muito sedimentadas e milenares, mas que são injustas.

Clóvis – Só não devemos concluir que as coisas têm que ser como elas são. Existe algo na vida de cada ser humano, não importa se ele é americano, mexicano, brasileiro, paraguaio ou francês, que é a possibilidade de construir um mundo novo. A possibilidade de revolucionar. A possibilidade de, inventivamente, fazer acontecer o que não existia antes. Existe a possibilidade de ruptura. Há um encadeamento que vem vindo, mas deve existir uma fresta de autonomia que nos permita dizer que até aqui foi assim. E eu dou o exemplo da Coreia do Sul, que até outro dia era uma várzea institucional, e hoje é um país respeitadíssimo, com uma educação de base fortíssima, com instituições consolidadas e com uma economia pujante. É claro que alguém dirá que a Coreia do Sul é do tamanho da Mooca, e aí é mais fácil. Se pensarmos assim, vamos continuar dando desculpas e empurrando o barco. Agora, é preciso refletir se este é o país que queremos deixar de legado para as nossas crianças. Tem coisas boas, mas tem muita coisa que não é legal. Então, vamos ver o que não é legal e começar a mudar a partir de agora, para que as coisas possam ser um pouco diferentes do que são hoje.

Por exemplo, podemos constatar que as pessoas leem pouco. Tomar conhecimento desse fato é importante, mas desde que se traduza em uma iniciativa, em fazer o que pudermos para que a nossa sociedade seja melhor. É o que Sócrates fazia. Ele passava o dia pela rua dialogando com as pessoas e as ensinando a pensar. Não era exatamente por amor às pessoas, como seria à moda de Jesus de Nazaré. Por amor a cada um. Com Sócrates, era um pouco diferente. O amor de Sócrates era por Atenas. E ele tinha certeza de que Atenas só seria forte se tivesse cidadãos lúcidos. Ele fazia de tudo pelos cidadãos, para que eles pensassem melhor e, com isso, compusessem uma cidade melhor. Portanto, eu diria que Sócrates é, para nós, uma referência extraordinária. Assim como Jesus, é claro. Porque o Brasil clama por iniciativas de aperfeiçoamento de nossa sociedade com vistas à construção de um país mais próximo daquele que queremos. Sobretudo como legado para nossas crianças que não pediram para nascer.

Ilan – Perfeito, Clóvis. E isso me lembrou de uma história bastante conhecida, que sintetiza muitos conceitos, de um menino que chega a uma praia deserta e vê um monte de estrelas-do-mar, todas na areia. Ele fica desesperado, porque estrela-do-mar morre na areia. Ele começa a jogar uma por uma de volta na água. Chega, então um ancião, mas não mais sábio que a criança, e lhe diz: "Menino, deixe de ser bobo. Olhe só quantas estrelas-do-mar, você não conseguirá salvar todas! Por que você está fazendo isso?". E o menino responde: "Porque isso faz diferença para aquelas que estou devolvendo ao mar".

A coragem de ser sábio

Ilan – Clóvis, eu gostaria de falar agora sobre sabedoria. Histórias de sabedoria encontram-se em várias culturas, na Ásia, na Europa e na América também. Sou apaixonado por esse tipo de história, escrevi muitos recontos de sabedoria. Aqui conto duas delas.

A primeira história é sobre o Buda, **Sidarta Gautama**. Dizem que ele, depois que se iluminou, virou professor. Em uma de suas aulas, Buda estava acompanhado de seus jovens alunos, contando suas histórias, filosofando, enfim, quando, de repente, alguém bate à porta. Ele pede a um aluno para abri-la, e é prontamente atendido. Quando a porta é aberta, um jovem que todos reconhecem está parado sob o batente. Aquele jovem era arrogante, petulante e, sobretudo, desleal. Ele andava pela cidade onde Buda lecionava e chamava as pessoas para brigar. O que ele fazia? Pegava terra e jogava na cara de seu oponente. Cuspia, xingava. O oponente, consumido pela raiva, partia para cima desse jovem. E, usando a raiva do outro, o jovem vencia. Esse jovem petulante, arrogante e desleal olha para o mestre Buda, já velho, e o desafia: "Vamos brigar? Vamos para uma luta?". Buda aceita.

Todos se espantam. Buda sai, e uma roda se abre com os alunos. Buda de um lado, jovem rebelde de outro. O jovem diz: "E daí que é Buda, que é mestre, que é professor?". Pega terra e joga na cara de Buda. O mestre não reage. O jovem cospe no rosto de Buda, uma, duas vezes. Buda não se mexe. O jovem xinga, fala coisas horrorosas, e nada acontece. Essa situação se repete durante uma hora inteira. Buda não faz um único movimento. Fica paradinho. O jovem, então, desiste: "Bom, ele não vai se movimentar, não posso fazer nada. Não posso começar a luta". E vai embora morrendo de raiva.

Os alunos se aproximam do mestre e dizem: "Quanta humilhação. Mestre, o senhor é um ser iluminado. Se tocasse nele com um dedinho, ele poderia morrer. Por que o senhor não fez nada?". Sereno, Buda se limpa e lhes pergunta: "Quando alguém vai à sua casa, leva um presente e você não o aceita, com quem fica o presente?". Ao que os alunos respondem: "Com quem levou". "Então, meus alunos, é assim na vida. Quando alguém lança veneno, ódio, raiva e você não aceita, com quem fica tudo isso?" Essa é uma história budista, e é uma história que me ensinou muito a lidar com o trânsito de São Paulo. Eu ficava muito nervoso, e, depois dessa história, juro que, quando alguém briga comigo no trânsito, apenas aceno. A pessoa fica ainda mais nervosa e vai embora.

A segunda história também é asiática, de um mestre indiano que conta a seus alunos a história de uma rã que vivia dentro de um poço. Ela nasceu em um poço, Clóvis, e tinha tudo ali, a comida caía de uma árvore. A vida dela era o poço. O tempo passa e uma rã gringa aparece. Ela olha para baixo e cumprimenta a rã que está no poço. Esta olha para cima e se espanta: "Quem é você? De onde você veio?". A rã gringa responde: "Eu vim de um lugar perto do mar". A do poço pergunta: "O mar? Como é o mar? É grande?". A gringa explica: "O mar é imenso". "Maior do que meu poço?" "Muito maior.", diz a gringa. A rã do poço fica transtornada. Ela se estica toda e insiste: "Maior do que o meu poço e do que o meu tamanho esticada?". A gringa ri alto: "Muito maior, já disse!". A rã do poço fica furiosa e grita: "Sua mentirosa! Nada pode ser maior do que o meu poço!". A rã gringa vai embora. O mestre termina dizendo a seus alunos: "Assim são os homens; pensam que aquilo que não veem não existe".

Para começarmos a aprofundar nosso bate-papo, pergunto: a sabedoria pode ser ensinada?

Clóvis – Primeiramente, eu queria agradecer pelas histórias maravilhosas, encantadoras, contadas por você, Ilan. São lindas e muito enriquecedoras. Eu imagino que, no que se refere à sabedoria, quando se pensa em ensinamento, o educador, o professor, o mestre tenha, sim, uma influência importante. Mas o resultado pretendido depende de uma parceria entre o educador e o educando, entre a pessoa sábia e aquela que o deseja ser. Poderíamos dizer até entre o sábio e o filósofo. Porque o filósofo é aquele que deseja ser sábio, mas ainda não é. Portanto, eu penso que sim, a sabedoria pode resultar dessa parceria, mas precisa de uma firme determinação por parte do educando, por parte daquele que está em busca disso. O mestre irá propor caminhos, vai dar ensinamentos e assim por diante. Mas, se o educando não quiser e não fizer por onde, essa sabedoria lhe passará longe. Aliás, tenho a impressão de que, mesmo questões que não são propriamente ligadas à sabedoria, mas que têm a ver com o simples conhecimento de mundo, de certa maneira pressupõem essa parceria, esse engajamento mútuo de quem ensina e de quem é ensinado, de quem é educado. No caso da sabedoria, penso eu, ainda mais, porque aquele que é candidato a sábio é pretensioso no sentido de que pretende algo difícil de ser alcançado, muito elevado, fora do alcance imediato das pessoas. Por esse motivo, por se tratar de um desafio tão gigante, cobra-se um empenho muito grande das pessoas.

Respondendo, então, à sua pergunta, Ilan, eu acho que sim, é possível forjar uma pessoa sábia desde que o candidato ou candidata tenha essa predisposição, essa inclinação, essa vontade e participe do processo de maneira muito decisiva e intensa.

Ilan – Lembrei agora de outra história – minha cabeça é repleta delas –, de um sábio à procura de um aluno também sábio. Ele se dirige a uma escola, e o reitor lhe afirma: "Eu tenho o aluno perfeito para você". Ao que o sábio responde: "Está bem. Mostre-me quem é. Mas por que ele é perfeito?". "Esse menino estuda muito. Acompanhemos o dia dele." Eles acompanham, então, o dia do menino. O aluno não parava de estudar. Ao fim do dia, o sábio diz: "Não, esse menino jamais poderá ser um sábio". "Mas por quê?", questiona o reitor. "Onde ele pode encontrar tempo para ser sábio se estuda tanto?"

Pensando nisso, Clóvis, eu quero lhe fazer a seguinte pergunta: a sabedoria está ligada ao estudo? Ou ela tem relação com experiência? Todo mundo pode ser sábio, ou se trata de um clube exclusivo?

Clóvis – Na verdade, não sei responder a nenhuma delas. Mas ouso arriscar algum discurso.

Dia desses, eu estava vendo um meme* que minha filha me mandou. Era de uma edição do *Big Brother Brasil* em que uma moça vira para outra e diz: "Eu sou muito inteligente". Aí a interlocutora dá uma risadinha, a primeira não gosta e pergunta: "Que foi? Não concorda comigo? Eu sou muito inteligente. Se você não se acha inteligente, o problema é seu. Eu sou muito inteligente". Ao que a outra responde: "Eu sou sábia, mas não chego a ser inteligente". Gostei muito daquilo, porque, de certa maneira, me deu um nó na cabeça. Mas o que eu penso é o seguinte: a sabedoria pressupõe, sim, o estudo. Por quê? Porque, no fim das contas, a sabedoria tem relação com o pensar bem a vida e viver de acordo com o que se pensa. A sabedoria tem, portanto, uma dimensão cognitiva, intelectiva, além de uma dimensão prática, existencial. No meu entendimento, é uma combinação das duas coisas: aquela pessoa que pensa bem, mas vive mal, não é sábia; aquela que é até feliz, mas sua felicidade resulta de um certo número de acasos da vida, de um certo número de circunstâncias favoráveis, também não é sábia; a pessoa sábia é aquela que vive bem, e esse bem-viver resulta de sua

---

* Termo utilizado para descrever conteúdos que viralizam na internet em tom de piada. (N.E.)

capacidade de discernimento e de sua lucidez sobre a vida. Das suas decisões, e assim por diante.

Para pensar bem, é muito importante que tenhamos uma ideia do que outros grandes pensadores e sábios pensaram. Porque isso pode nos oferecer suporte material de contraste, referências, entre outros recursos. Por isso, é importante, sim, estudar, ler e, de certa maneira, enriquecer-se pelo que outros disseram. Porém, tal como disse com muita propriedade o rapaz da sua história, aquele que só estuda não tem mesmo condições de ser sábio, porque lhe falta a segunda metade, que é a parte existencial. Que é a parte da vida vivida. E isso é inerente à ideia de sabedoria. Portanto, eu diria que um sábio precisa saber o que outros disseram, mas ter suas próprias ideias, seu próprio pensamento. E esse pensamento precisa ser um bom pensamento sobre a vida. E ele precisa ainda ter a possibilidade de traduzir esse pensamento em vida vivida, em experiências. Por isso, de fato, aquele que só vive sem estudar e aquele que só estuda sem viver, nenhum dos dois completa a sabedoria, que pressupõe um pouco de cada coisa.

Você também perguntou, Ilan, se a sabedoria é um clube exclusivo. Se nos reportarmos a pensadores como Platão, que são de uma importância enorme, eles dirão que há almas que não têm condições de pensar bem. Seriam almas de segunda classe, que não chegarão a sair da caverna e a conviver intimamente com as verdades. As pessoas portadoras dessas almas, digamos assim, deveriam se dedicar a atividades menos relacionadas à sabedoria, como trabalhar, guerrear etc. Portanto, apenas um pequeno segmento teria essa "alma de ouro", essa parte superior da alma desenvolvida, o que sempre deixaria esse grupo mais próximo da verdade do que os outros tipos de alma. E o mais interessante é que esses pensadores consideram tudo isso da esfera do inexorável – quer dizer, se no momento da distribuição das almas lhe sobrou uma de terceiro ou quinto nível, não adianta insistir porque não haverá o que fazer. Agora, se você tem uma alma com possibilidades, aí é importante encontrar condições na vida para pensar e refletir. Porque, a partir daí, digamos, tendo uma alma com sua parte superior desenvolvida, você terá oportunidades de conviver com a verdade e, por isso, mais chances de ser sábio.

Naturalmente ninguém precisa embarcar nessa. Sobretudo nós, que somos herdeiros do pensamento de Jesus de Nazaré, que estabeleceu, na história do pensamento, a ideia de igualdade entre todos. Isto é, a natureza de cada um pode ser diferente, mas o livre-arbítrio, a disposição e a determinação podem perfeitamente reverter quadros iniciais desfavoráveis. Então, acreditamos que qualquer um, desde que queira e consiga reunir condições materiais adequadas, poderá elevar muito o seu espírito, pensar bem sobre a vida e viver de acordo com o que pensa. É muito mais simpático e agradável apostar nessa solução. Nesse caso, não haveria um grupinho seleto de aquinhoados e sortudos que, ao nascer, receberam uma alma privilegiada. O que existe é sempre a possibilidade de, ao longo da vida, dar à alma uma atividade e uma destinação nobre no sentido de sua elevação, de seu pleno desenvolvimento. É um pouco nisso que acredito. Por isso, acho que todo mundo que o desejar tem condições de pensar cada vez melhor e viver de acordo com o que pensa.

Ilan – Ao longo da sua explicação, fui me lembrando de alguns pontos das minhas histórias sobre os sábios. É a primeira vez que estou pensando sobre isso – um *insight* fresco, é gostoso quando acontece. Talvez seja algo comum, mas eu nunca tinha pensado. Você foi falando sobre os sábios e a questão de Platão, e rapidamente eu comecei a lembrar das centenas de sábios que recontei em minhas histórias. E agora me ocorreu que existe uma característica comum a eles.

Conto, como exemplo, a história de um samurai que alcançou, digamos assim, o topo da vida dele. Ele havia conseguido tudo o que desejara materialmente. Era um cara muito inteligente, por isso, quando ele atingiu esse ponto alto, se deu conta de que começaria a queda. Mas, antes que essa queda começasse, ele desejou trabalhar a sua alma e o seu espírito. Afinal, ele já tinha alcançado tudo o que estava ligado ao corpo físico. Desejou, então, se voltar para a mente, para o coração. Foi quando decidiu procurar o homem mais sábio do mundo para tentar entender o que são as coisas. E ele se informou sobre um homem no Japão que era considerado o mais sábio do mundo. O samurai foi atrás desse homem, passou semanas e semanas cavalgando. Perdeu seu cavalo e seguiu a pé. Enfim, foram muitos os obstáculos. Até que ele chegou a uma cabana muito simples, bateu à porta e ela se abriu, revelando um homem velho encurvado – o arquétipo do sábio. O velho olhou para o enorme samurai e disse: "Pois não?". Ao que o samurai respondeu: "Eu vim procurar o homem mais sábio do mundo. Eu gostaria de lhe fazer uma pergunta". "Faça a sua pergunta." O samurai então perguntou: "Meu caro homem sábio, qual é a diferença entre o inferno e o paraíso? Essa é uma das várias questões que tenho". O velho, então, o entreolhou e respondeu: "Que pergunta mais imbecil! Que pergunta mais idiota!". O samurai ficou desconcertado: "O que o senhor está falando? Eu vim até aqui. Levei semanas para chegar até aqui! Por que me trata dessa forma? Eu quero saber qual é a diferença entre o inferno e o paraíso". E o velho sábio continuou: "Que pergunta tola! Isso não pode vir de um homem desse tamanho". O samurai ficou furioso, e o velho continuou a insultá-lo. O samurai não se conteve. Tirou a espada da bainha e estava prestes a arrancar a cabeça do velho quando este proferiu: "Este é o inferno".

O samurai, então, de súbito foi tomado por compaixão e amor. "Ele quase perdeu a cabeça para me ensinar o que é o inferno. Ele deve ser mesmo muito sábio". Quando guardou a espada, o velho disse: "E este é o paraíso. Entre, vamos tomar um chá e conversar".

Clóvis, todos os sábios foram de alguma forma corajosos. Sócrates foi corajoso. O sábio **Sólon** de Atenas quase perdeu a vida quando foi falar com o rei de Sardes, que havia perguntado quem era o homem mais feliz do mundo.* Jesus perdeu a vida, Gandhi também. Ou seja, o sábio precisa ter uma natureza corajosa, ou você conhece algum sábio medroso?

Clóvis – Essa é uma ótima pergunta! Aristóteles coloca a coragem no meio-termo entre o sem noção e o bundão. O sem noção é aquele que, se tiver que enfrentar, desarmado, trinta homens armados, ele vai – o termo filosófico mais adequado é "temeridade". E o bundão corresponde ao covarde – incapaz de vencer o próprio medo, mesmo em situações enfrentáveis, dadas as suas condições materiais concretas de ação. Portanto, o corajoso não seria nem o sem noção nem o bundão. Aristóteles coloca, então, o homem

---

* Conta-se que, ao ser questionado, Sólon nada falou de riquezas materiais como as do rei e respondeu que não se pode dizer se alguém é feliz ou não antes de morrer, já que não se sabe o que virá. (N.E.)

virtuoso, isto é, corajoso, no meio-termo entre esses dois vícios: a temeridade e a covardia.

Indo por esse caminho, podemos sugerir que a coragem seja, ao mesmo tempo, uma virtude em si, mas também condição das demais virtudes. Da sua atualização na realidade da vida. Para ser mais claro: é preciso ter alguma coragem para ser temperante, honesto, justo, autêntico, sincero etc., sobretudo quando o resto do mundo constrange em sentido contrário. Podemos ainda pensar em situações mais extremas. Fica mais fácil visualizar o meu entendimento em relação à sua pergunta, Ilan.

O sábio é alguém disposto a abrir mão da própria vida em nome de algo maior do que simplesmente continuar vivo. Isso é comum a todos eles. Por exemplo, como comentei anteriormente, Sócrates lutava por Atenas. Ele amava Atenas e ensinava os atenienses a pensar, porque acreditava verdadeiramente que, dessa maneira, Atenas seria uma cidade melhor. Quando a fuga lhe foi facilitada, Sócrates afirmou que fugir seria trair Atenas, e a cidade valia mais do que continuar vivo. Do mesmo modo, Jesus também tinha valores maiores do que continuar vivo.

Portanto, a minha impressão é de que o sábio pode até sentir medo, do contrário ele não seria humano. Mas o sábio tem valores ainda maiores do que a simples sobrevivência. O que isso significa? Se o calo apertar, o sábio está perfeitamente pronto a renunciar à própria vida em nome da preservação de algo que considera maior do que ela. Na antropologia, isso é chamado de sagrado. É sagrado aquilo que, para alguém, vale mais do que continuar vivo. E, naturalmente, isso pode ser feito por uma questão afetiva – e nesse caso seria um certo tipo de sabedoria –, ou é possível o fazer em função de uma questão filosófica. Como é o caso de Sócrates e de muitos outros que, em nome de um ideal, abriram mão de continuar vivos.

Nesse sentido, acho que não é exatamente uma questão de valentia própria ao sábio, e sim de ter uma convicção sobre os valores maiores, que são tão elevados que valem mais do que continuar vivo. Ou seja, continuar vivo abrindo mão desses valores não valeria a pena. Continuar vivo tendo que deixar para trás valores considerados tão elevados seria indigno. O caso de Sócrates é bastante ilustrativo. Seu discípulo chega à prisão e lhe diz: "Já falei com os caras e está tudo liberado. Você vaza e vai para Tebas, vai para outro lugar. E está tudo certo". Sócrates responde: "O quê? Com quem você acha que está falando? Passei a vida destacando e cultuando certos valores e você acha que, agora, para continuar vivo, vou desmentir minha vida inteira? Que espécie de rato você pensa que sou?". A meu ver, Sócrates definiu a figura do sábio por esse tipo de gesto. Ele viveu alinhadamente com as suas convicções.

Ilan – Muito bom, Clóvis. Vou entrar agora em uma seara da sabedoria que me causa certa angústia há alguns anos. Tem relação com um conto que li de **Voltaire**, chamado "O bom brâmane". Nesse conto, ele narra a história de um brâmane muito sábio, mas que, ao mesmo tempo, tem muitas incertezas. Porque o sábio precisa ter incertezas, angústias. Ele procura a verdade o tempo todo, vai e volta, cheio de obstáculos. E o narrador desse conto diz o seguinte: "Veja a vizinha desse brâmane. É uma mulher ignorante, alienada, mas muito feliz. Quando converso com ela, quando me aproximo e pergunto se está satisfeita com a própria vida, ela responde que sim, que é feliz". O conto vai colocar, então, uma questão ao leitor que é a seguinte: é melhor ser um brâmane, um sábio, com o peso da angústia do mundo – porque quando você colhe a maçã ou a romã ou o figo da sabedoria não dá mais para grudá-lo de volta, nem com supercola –, ou é melhor nem encostar nessa maçã, nesse figo, nessa romã e viver uma vida de ilusão, de alienação, digamos assim, mas aparentemente sem angústias, sem percalços existenciais? Se a nossa vida é a busca pela felicidade, será que isso é uma opção ou não?

Clóvis – Vamos juntos partir de uma ideia da filosofia. A filosofia é uma atividade, digamos, da inteligência e também discursiva, portanto, semiótica, da produção de discurso. Uma atividade da inteligência e semiótica que tem o mundo e a vida por objetos, a verdade por meio e a felicidade por fim. Finalidade última.

Qual é a graça dessa definição da filosofia? É que a felicidade por ela prometida não é qualquer uma. A felicidade que a filosofia promete não abre mão da verdade. Da busca da verdade. Do amor pela verdade. Portanto, nada tem a ver com algum bem-estar urdido na mentira, na ilusão, no erro, no engano.

Em outras palavras, se alguém me disser que uma pessoa é feliz alienando-se, ótimo. Mas isso que ele chamou de felicidade não é a mesma prometida pela filosofia. Se a pessoa tiver que escolher entre a verdade e a tristeza, a mentira e a felicidade, terá que ficar com a verdade e a tristeza que a verdade proporciona, e assim por diante. Portanto, eu diria o seguinte: o sábio é feliz. Mas a felicidade do sábio não é a felicidade da vizinha que não tem problemas e "toca o pau" na vida dela.

A felicidade do sábio é uma felicidade na máxima lucidez. É uma felicidade que absorve os problemas existenciais e os relativiza com sabedoria. Por quê? Porque a felicidade da senhora à qual você se referiu, Ilan, do conto

A felicidade do sábio é uma felicidade na máxima lucidez. É uma felicidade que absorve os problemas existenciais e os relativiza com sabedoria.

de Voltaire, está à mercê de uma combinação de variáveis que ela não controla. "Ah, ela é muito feliz, então, tudo certo" – para um conto, isso pode ser bem bacana. Mas e se ela tiver que lidar com a morte de um filho, com uma casa consumida por um incêndio? Porque o mundo da vida é assim. Aquela combinação circunstancial que lhe garantia uma vida tranquila pode desaparecer, condenando-a à devastação existencial. Ao passo que o sábio é aquele que, ao encarar a morte de um filho, consegue refletir: "As pessoas nascem para morrer e podem morrer a qualquer momento". Se a casa pega fogo, ele pondera: "Vamos construir outra, porque ser consumido por chamas é uma possibilidade de tudo aquilo que é matéria". Portanto, não podemos simplesmente comparar uma coisa a outra e pensar: "Será que eu prefiro isto ou aquilo?". Porque não é propriamente uma alternativa. A tranquilidade da alma prometida pela filosofia não tem nada a ver com alguém tocando o seu pagode, o seu sambinha, enquanto a vida vai dando mais ou menos certo. São coisas diferentes.

Ilan – Clóvis, aquela música "Deixa a vida me levar",* de **Zeca Pagodinho**, não é felicidade filosófica?

---

* Música de autoria de Serginho Meriti e Eri do Cais, interpretada pelo cantor e sambista Zeca Pagodinho. (N.E.)

Clóvis – Eu diria o seguinte: se imaginarmos que tem sempre um pedaço da vida que não depende de nós, e outro que sim, haverá aqueles que darão ênfase a esse último. O sábio vai mais por esse caminho. Nesse sentido, o sábio é um protagonista existencial. E haverá ainda aqueles que estarão sentados para ver o que vai acontecer. Essa passividade, que é intelectual e existencial, não combina com a sabedoria, porque o sábio sempre irá procurar, a partir de sua reflexão, saber mais sobre a vida, sobre a existência e, portanto, viver melhor dentro da verdade e da sabedoria.

Ilan – Mas, Clóvis, não existem sábios infelizes?

Clóvis – Como não conheço nenhum sábio, não sei dizer. Mas o sábio é aquele que, diante do desespero daquilo que costuma devastar uma pessoa, sabe segurar a sua onda, porque é alguém que olha para os percalços da vida com referências que o protegem da devastação afetiva, existencial. É como eu disse: existe, na sabedoria, uma dimensão de ataraxia, no sentido de uma força de alma capaz de resistir a tudo aquilo que é, normalmente, devastador. O que nos entristece? Quando algo cuja presença e posse são entendidas por nós como causa da nossa alegria desaparece. Se a nossa casa é a condição da nossa alegria e ela pega fogo, ficaremos devastados.

Onde reside o fascínio que a ideia de sábio exerce sobre gerações sucessivas de humanos? A alegria dele tem relação com a verdade, com coisas abstratas, com seu pensamento, com as suas ideias, e assim por diante. A alegria do sábio não está vinculada aos tijolos da casa nem a nada que possa perecer, porque ele sabe que tudo na matéria tende ao perecimento.

Nesse sentido, como o sábio está, digamos, afetivamente vinculado ao que ele pensa e à sua sabedoria, e as ideias não perecem, são eternas, são elas o seu verdadeiro patrimônio. A casa pegou fogo? Paciência. Vamos recomeçar, construir outra. Mas seguiremos firmes, porque o nosso bem-estar, a nossa felicidade dependem daquilo que está sob o nosso comando, que é o nosso pensamento, a nossa lucidez, a nossa inteligência.

Ilan – Para variar, isso me lembrou de uma outra história. Essa é de um sábio asceta. Ele estava percorrendo um caminho quando avistou um palácio. Usando roupas de mendigo, ele se aproxima do palácio e diz ao guarda: "Seu guarda, eu queria dormir nessa pousada". Ao que o guarda respondeu: "Você está maluco? Isso aqui é um palácio". "Mas eu quero dormir nessa pousada." "Eu vou prender você! Isso é um palácio." Uma gritaria tem início. O rei ouve o barulho e se dirige até a torre. Olha para baixo e diz: "O que está acontecendo?". "Esse maluco está chamando o palácio de pousada." O rei replica: "O quê? Você acha que isso é uma pousada?". O asceta olha para cima e responde: "Sim, eu queria dormir nessa pousada". "Mas isso não é uma pousada." O asceta insiste: "Quem morava aqui antes de você?" "O meu pai." "E onde ele está agora?" "Ele já morreu." "E quem morava aqui antes do seu pai?" "Meu avô." "E onde ele está agora?" "Já morreu também." O asceta então conclui: "Portanto, estou diante de uma pousada, um lugar de passagem. Você tem um lugar para eu dormir em um lugar de passagem?". O rei, então, responde: "Entre. Eu quero que você me ensine". É exatamente o que você falou, Clóvis, a noção de que a matéria passa.

Revendo os meus livros, acabei encontrando um provérbio árabe sobre sabedoria. Ele diz o seguinte: "Um homem torna-se sábio somente quando não despreza quem está abaixo dele, não inveja quem está acima e não comercializa seu saber". E me lembrei de Aristóteles dizendo que só podemos filosofar se as nossas necessidades básicas estiverem contempladas. Um filósofo não é capaz de filosofar com boleto para pagar. Para poder pensar na vida, tudo precisa estar organizado. Quer dizer, é uma contradição com esse próprio provérbio árabe, que diz que não podemos comercializar o saber, ou seja, trocar o saber pelo sustento. Por isso, eu queria que você comentasse estes três pontos,

Clóvis: um sábio não despreza quem está abaixo dele, não inveja quem está acima e não comercializa seu saber.

Clóvis – Ilan, esse provérbio é maravilhoso. A sabedoria evidentemente não combina com o desprezo de quem quer que seja. Tampouco combina com a inveja de quem quer que seja. Até porque, obviamente, o sábio, sendo sábio de verdade, não haveria de invejar ninguém. Sobretudo alguém que não fosse sábio como ele. Agora, quanto à questão de comercializar o saber, me sinto muito à vontade para dizer que, como vivo do meu trabalho, acabo vendendo discursos. Portanto, e talvez por isso mesmo, eu não seja sábio.

Quando Aristóteles diz que, para ser filósofo, é preciso estar com a vida resolvida, como eu não estou com a minha, também não sou filósofo. E o fato de não me aceitar como filósofo, tampouco como sábio, tira dos meus ombros um peso imenso. Porque, no fim das contas, uma pessoa medíocre e que lida bem com a própria mediocridade não precisa de nenhum entendimento autoconsagrador a respeito de si mesma para continuar vivendo.

Ilan – Vou fazer uma provocação, então. Na verdade, o sábio não pode se autoproclamar sábio. Normalmente, é outra pessoa que reconhece que alguém é sábio. Quando você diz, Clóvis, que não é filósofo tampouco é sábio, isso, para mim, já é um dado de sabedoria. Acho que são os outros que encontram e reconhecem o sábio. Quer dizer, a sabedoria, então, seria uma revelação do outro, e não de si mesmo. Faz sentido?

Clóvis – Sim. Mas penso que, se sabedoria for apenas uma questão de reconhecimento, ela está à mercê dos valores do outro. E ela não teria, digamos assim, objetividade. Quando Deus, por meio do oráculo, disse a Sócrates que ele era o mais sábio, ele aceitou essa condição. E ele foi se perguntar por que seria o mais sábio se não sabia nada. Concluiu, então, que ele era o mais sábio porque sabia que não sabia nada. E saber que não sabe nada é saber muita coisa. É por isso que, em nome dessa sabedoria assumida, com esse traço de objetividade muito claro, digo com toda a certeza que não me vejo com sabedoria nenhuma – porque senão eu viveria pelo menos um pouco melhor do que vivo. E também não tenho nenhuma pretensão a isso. Sou um vendedor de discursos. Nesse sentido, eu estaria bem próximo dos sofistas, dos adversários dos sábios. Daqueles que trocam discurso por dinheiro. Só que acho que os sofistas faziam isso por muito dinheiro. E eu nem isso consigo! Talvez eu esteja mais próximo de um sofista de quinta categoria, digamos assim.

Tendo essa certeza, consigo olhar de fora para a sabedoria e para o sábio e identificá-lo pelo contraste comigo mesmo. Pensemos por exemplo na **Monja Coen**. A Monja é uma mulher budista. Eu fui formado na Igreja católica e no colégio católico. Não tenho nenhuma aproximação com o budismo, mas sei reconhecer na Monja uma mulher com muita sabedoria porque, de fato, ela pensa a vida e vive de acordo com seu pensamento. Ela tem tranquilidade na alma e revela isso. Essa tranquilidade da alma é o oposto do que eu sou. Sou uma criatura atormentada. Tranquilidade na alma, para mim, é algo que em 55 anos nunca me aconteceu! Sou um atormentado. O que varia é o que me atormenta. Ora sou atormentado por não ter dinheiro – e isso durante praticamente a vida inteira. Ora sou atormentado por temer perder o pouco que ganhei. Ora sou atormentado porque há expectativas alheias a meu respeito as quais não consigo honrar. Ora sou atormentado porque sinto medo de perder as pessoas que amo.

  Eu sou assim. Se um dos meus filhos morresse, a minha vida acabaria. Não me recuperaria nunca mais. Por quê? Porque sou como qualquer um. Ou pior que qualquer um. Sempre fui atormentado. A vida nunca foi boa. E a certeza que tenho é a de que nunca será. A filosofia nunca me ajudou a viver melhor. Nunca! Filosofia, para mim, é discurso à venda. É discurso que vendo e ofereço em troca de alguns tostões para sobreviver. E é a partir disso que consigo olhar a sabedoria e a filosofia como prerrogativa do outro, de fora. Admiro genuinamente a sabedoria dos outros. Mas, no meu caso, de jeito nenhum.

Ilan – Clóvis, acho que, se fôssemos ouvir os seus alunos, esse retorno seria diferente. Você marcou e marca profundamente os seus alunos, as pessoas que escutam você. No momento da aula, você realmente está ali como sábio. Normalmente, em sala de aula, o professor está na posição de sábio. Ou do suposto saber, como diria **Lacan**. Os alunos que você formou talvez tenham uma imagem diferente de você. Eu acho, mais uma vez, que isso que você está colocando é, de fato, uma característica de sabedoria, é uma postura de sabedoria. Mesmo que você a negue. Vou lhe contar uma história que você vai amar.

Buda estava com seus alunos meditando embaixo de uma árvore. Era cedo, todos meditavam, proferiam mantras. Um homem passa por ali e reconhece o mestre – Buda era como o **Brad Pitt**, todo mundo o conhecia. O homem diz animado: "Buda!". Buda abre os olhos e responde: "O que você quer?". "Eu tenho uma pergunta." "Pode fazer." "Deus existe?" Buda responde que não. O homem leva um choque e vai embora. Buda, então, volta a meditar com seus alunos. Chega o meio da tarde e eles continuam assim. Um segundo homem aparece e, assim como o primeiro, também reconhece o Buda: "Buda, é você?" "Sou eu, o que foi?" "Uma pergunta: Deus existe?" Dessa vez, Buda responde que sim. O homem fica feliz da vida. Vai embora. À noite, a meditação continua. Horas e horas. Passa um terceiro homem, com uma lamparina, e vê aqueles vultos. "É o Buda!" "Sim?" "Uma pergunta: Deus existe?" Buda diz: "Talvez". O homem vai embora.

Quando o homem parte, um aluno próximo a Buda não aguenta a curiosidade e pergunta: "Mestre, antes de fecharmos os olhos de novo... Eu não entendi nada. Três homens, a mesma pergunta e três respostas diferentes. Por quê?". Buda responde: "Meu caro aluno, porque podemos chegar a Deus por três caminhos: pela negação, pela afirmação e pela dúvida". Portanto, Clóvis, as nossas angústias e incertezas também podem ser um fator de sabedoria.

Aliás, contei uma vez essa história na Espanha, no auditório de uma universidade em Tenerife. Escurecia do lado de fora, e as luzes do auditório estavam ligadas. Quando cheguei na parte em que um dos homens pergunta se Deus existe e Buda responde "talvez", nesse instante, a luz do auditório apagou. Eu olhei, então, para cima, para brincar, e falei: "Está bom, Deus. Eu sei que você existe". E a luz voltou. As pessoas morreram de rir. Quando terminou a palestra, me disseram: "Nossa, Ilan, você combinou bem com o cara da iluminação". Respondi: "Não existe cara da iluminação. Eu não combinei com ninguém. Se foi alguém que combinou, foi o cara lá de cima". Ninguém acreditou. Foi uma história que me marcou profundamente.

Mas eu quero lhe fazer uma pergunta meio cabeluda, Clóvis. Ao longo de minhas leituras de tantos anos sobre sábios, notei que a grande maioria são homens. E você citou a Monja Coen. Qual seria a relação da sabedoria com as mulheres? Nas minhas leituras, Clóvis, eu me lembro de poucas mulheres. É claro que isso tem relação com a questão social e tudo o mais. No entanto, uma leitura que me marcou muito foi sobre a **Hipátia** de Alexandria. A história dela é maravilhosa. Sua morte, no entanto, foi horrorosa. Mas o que essa mulher fez em sua época é impressionante.

Clóvis – É interessante porque eu não consigo olhar para esse problema existencial a partir de diferenças de gênero. Nem de etnia ou outra coisa. Porque imagino que muito da vida é resultado mesmo de uma iniciativa do vivente. E para que essa liberdade possa existir, não pode haver uma determinação desse tipo. Mulheres pensam e agem de uma maneira, homens pensam e agem de outra. Acho que é perfeitamente possível construir a vida a partir da vida, e não por uma determinação dessa ordem. Porque, se aceitarmos uma categoria como determinante de escolhas existenciais, teremos que pagar um pedágio para essa condição, e eu, por exemplo, não poderia levar uma vida idêntica à vida de uma mulher ou de qualquer outra pessoa.

Outra questão é a da linguagem mesmo. "O sábio", "o filósofo" – acostumamo-nos a usar termos masculinos para ilustrar capacidade intelectual, mas isso é apenas o reflexo de uma sociedade patriarcal, de uma dominação masculina que se perpetua, em que as mulheres recebem pouco crédito por suas obras, pouca visibilidade, pouco espaço editorial, pouca mídia, pouco *marketing* e por aí vai. Temos inúmeras sábias. O fato de conhecermos poucas é só mesmo reflexo da nossa educação, instância de reprodução das dominações simbólicas mais abjectas, biombo que esconde o arbítrio da iniquidade nas relações sociais em hierarquia chancelada por uma miopia naturalista qualquer. Algo do tipo "a mulher é mais prática e pouco afeita a abstrações".

Ilan – Perfeito. Lembrei-me da Xantipa, mulher de Sócrates, com seus três filhos, embora ele não lhes desse muita atenção, na verdade...

Clóvis – Veja como a questão da existência é um cobertor curto e é complexa. Sócrates é um herói da filosofia, um herói para Atenas. Mas tudo indica que ele não tenha sido um pai muito presente nem um marido exemplar.

Ilan – Para encerrarmos este capítulo, queria contar mais uma história, que tem relação com nosso papo sobre sabedoria. É de um livro meu chamado *Aprendendo com o aprendiz e outras histórias de mestres e alunos*:[*]

> Numa antiga narrativa europeia, um professor chamou rispidamente seu aprendiz e lhe solicitou:
>
> — Antes de começarmos nossa aula, quero que você vá até o açougue e me traga o melhor pedaço de carne que encontrar.
>
> Depois de um bom tempo, o aprendiz voltou e deu um embrulho para o professor.
>
> — O quê? Você me trouxe língua! Pedi o melhor do açougue! É por isso que você é ainda um aprendiz. Mas já que sou bondoso, vou dar-lhe outra chance. Quero que agora você me traga a pior carne do açougue.
>
> O professor queria ensinar o aluno sobre qualidade bovina. Quando o aluno voltou, um outro embrulho estava agora em suas mãos.
>
> — Não acredito! Você me trouxe de novo uma língua! Quero uma explicação imediatamente! — exigiu o professor.
>
> O aluno serenamente olhou para a língua que trouxera e disse:
>
> — Você me pediu o que há de melhor no açougue e o que há de pior.

---

[*] Obra publicada em 2020 pela editora Moderna. (N.E.)

— Sim, e daí? – perguntou o professor.

— No mundo dos homens o que há de pior e de melhor é a língua!

— Como assim? – perguntou o professor, com ar confuso.

— Nossa língua, quando destila veneno, mentira e raiva, não existe no mundo coisa mais terrível, com certeza é a pior parte do nosso corpo. Mas, quando nossa língua recita poesia, fala de amor e fraternidade, não há parte mais nobre do nosso corpo do que ela.

O professor ficou boquiaberto com a sabedoria do aluno e nunca mais menosprezou a inteligência de nenhum aprendiz.

O que é felicidade?

Ilan – Existe uma história indiana que conta que Brama – que não é a cerveja, mas o Deus supremo –, estava se sentindo solitário e resolveu, então, criar os homens. Ele pegou barro e começou a moldá-los. Disse: "Bom, agora preciso acordá-los". E acordou os homens. Só que esses homens rapidamente encontraram a chave da felicidade. E, assim que encontraram a tal chave, eles se fundiram com o ser supremo, e Brama ficou novamente solitário. Ele percebeu: "Há um problema aí. Vou consertar essa birosca". Fez um homem só de barro, não deu vida a ele e decidiu: "Vou pegar essa chave da felicidade e escondê-la para que ele não a encontre. Não quero que ele retorne a mim. Vou esconder a chave no oceano Índico, lá nas profundezas". Mas Brama refletiu um pouco e pensou: "Não, eu vejo que, no futuro, o homem chegará às profundezas do oceano Índico. Vou esconder a chave da felicidade nas cavernas do Himalaia". Novamente, ele pensou: "Não, o homem vai escalar o Himalaia e encontrar essa chave. Vou jogá-la em um planeta longe daqui. Mas, não, ele também vai viajar para fora". Brama matutou, matutou até que teve o seu *eureca*, como **Arquimedes**: "Já sei! Vou colocar a chave da felicidade em um lugar onde o homem nunca irá procurar". Ele acordou o homem e escondeu a chave dentro do próprio homem.

Dizem que um sábio, ao contar essa história, ao fim concluiu: "Aquele que olha para dentro de si e encontra a felicidade se funde com o criador". Essa é uma narrativa milenar sobre a felicidade, e que me fez entender melhor um filme pelo qual sou fascinado, estrelado pela **Jodie Foster**. Ele se chama *Contato*,* e é baseado em um livro de **Carl Sagan**. Nesse filme, Jodie Foster está em uma espaçonave procurando extraterrestres. Só que a espaçonave, em vez de ir para fora, cai para dentro. É uma grande metáfora sobre a busca humana do mergulhar para dentro.

Agora, pergunto, Clóvis: quando você acha que a preocupação, ou a atenção, com a felicidade surgiu na humanidade? Talvez quando nos tornamos sedentários?

---

* Filme norte-americano lançado em 1997. (N.E.)

Porque eu imagino que os caçadores e coletores não tinham essa preocupação.

Clóvis – Bom, eu já sabia desde antes da pergunta que eu não saberia a resposta. Mas não vou deixar isso barato. No nosso mundo ocidental, existe uma história muito parecida com essa que você contou.

Zeus, o maior dos deuses, conseguiu se firmar vencendo o pai e os tios, que eram os titãs – e esses titãs não cantavam "Sonífera ilha".* Aliás, eles não eram nada sonolentos; eram guerreiros. Violentos. E Zeus, com os irmãos, conseguiu vencer o pai. Quando Zeus venceu os titãs, ele resolveu colocar ordem na casa. Ele criou o cosmos, o universo finito, ordenado, organizado, cada coisa em seu lugar, cumprindo o seu papel, a sua tarefa, a sua função. Aquilo que eles chamavam de *ergon* – o papel, a função de cada coisa. Zeus distribuiu o universo entre seus correligionários, como faz um presidente da República quando acaba de ser eleito: "Gaia, fica com a Terra, Uranus com o céu e Poseidon com os mares". Ou seja, Zeus deu um pedaço do universo para cada um que lutou ao lado dele.

Tudo funcionava maravilhosamente bem, tal qual o transporte público de Estocolmo. Lá, se está marcado que o ônibus vai passar às 2h48, ele passa. E o que depreendemos

---

* *Single* de estreia da banda Titãs, lançado em 1984. (N.E.)

de uma situação dessas? Que nada acontecia. Porque o acontecimento é a ruptura de uma certa previsibilidade, de uma certa ordem. Chegou um momento em que, no Olimpo, os deuses reunidos disseram para Zeus: "Tudo bem, você pôs ordem na casa, era uma zona, era uma guerra infernal, uma bagunça. Mas, agora, virou um tédio insuportável!". Veja bem, Brama não estava se sentindo sozinho? Os deuses disseram: "Isso é um tédio insuportável. Você resolve esse problema. A gente quer se divertir. Isso é um horror". Zeus chamou, então, Epimeteu e Prometeu, deuses de quinta categoria. Na verdade, eles estavam com os titãs. Quando perceberam que os titãs iam perder, bandearam de lado. Prometeu, em grego, é aquele que pensa rápido, ligeiro. Epimeteu é o que pensa de modo mais lento. Dois irmãos, deuses de quinta. Zeus os chamou: "É o seguinte, nós estamos enfadados. Então, tenho uma tarefa para vocês". E os dois, que eram o periférico do periférico do periférico, responderam: "Nossa, Zeus está nos pedindo um favor. Diga que faremos o que for". "Vocês vão fabricar mortais. Porque, se fizerem uma bobagem, eles vão morrer logo, isso não terá consequência nenhuma. E nós vamos nos divertir com os mortais." Perceba que loucura. Em uma cultura, o ser humano nasce por causa da solidão de Brama. Na outra, nasce por causa do tédio de Zeus e dos demais. Veja que o ser humano, quando cria suas histórias, tem uma autoestima mais ou menos baixa. Porque, enquanto para Brama somos uma espécie de pajem para entreter, no caso de Zeus, somos uma espécie de palhaço, de bobo da corte.

Epimeteu e Prometeu se reuniram. Naturalmente, Epimeteu era bem devagar, e Prometeu, rápido, lhe disse: "Você vai fazer os animais, todos eles. E eu vou fazer o homem, o produto mais fino da nossa vitrine. Vai fazendo os animais porque, se juntar todos, não dá nada. Eu fico com o homem". Epimeteu perguntou: "O que eu uso?". "Tem uma prateleira ali, vai distribuindo as coisas." Epimeteu pensou: "Vou dar uma coisa para cada um, para que possam se virar". Então, por exemplo, para o elefante, ele deu o peso. Para o peixe, a barbatana, para nadar rápido. A outro animal, ele deu asas. A outro, casaco de pele sofisticado para enfrentar o frio. Baixou a estante toda e deu algo para cada um. Todos ficaram felizes. Quando Prometeu chegou para fazer o homem, Epimeteu já tinha distribuído tudo o que havia na estante para os animais. Prometeu reclamou: "Vou fazer o homem com o que agora?". Foi Epimeteu quem disse pela primeira vez na história da humanidade: "Ih, foi mal". [*Risos*] Sem saber o que fazer, Prometeu invadiu o palácio de Atena e roubou o fogo e a astúcia. Qual era o princípio disso? "Eu não tenho nada para dar para esse cara, mas ele poderá fabricar o que quiser. Se ele precisar de asas, fabricará uma asa-delta. Se estiver com frio, será capaz de fazer o atrito e acender uma lareira. Se estiver com fome, com o fogo ele fará pão de queijo. E se precisar nadar embaixo d'água, vai construir um submarino."

Os deuses não gostaram do que Prometeu fez. Não gostaram da audácia dele. Zeus lhe deu uma punição terrível. Prometeu foi amarrado a um rochedo e atacado por urubus, rapinas, abutres, que comiam seu fígado. Foi preciso que muita gente intercedesse para que Zeus relaxasse a pena. Prometeu continuaria amarrado ao rochedo, mas na forma de um anel. O anel teria, então, surgido dessa necessidade de aliviar as contas para Prometeu e não tirar a palavra de Zeus.

Ilan – Eu amo mitologia grega, Clóvis. Ela faz parte do senso comum sem que as pessoas a conheçam. É o que chamamos de vocábulos literários. A expressão "cavalo de Troia", que dá nome a um vírus de computador, vem da mitologia. Quando se diz "este aqui é o pomo da discórdia", "aquilo é o calcanhar de Aquiles de alguém", isso é mitologia. Ou "você é uma Cassandra" – Cassandra é aquela que faz profecias. A mitologia grega é maravilhosa!

Clóvis – Voltando ao nosso tema e à sua pergunta, Ilan, a impressão que eu tenho é de que houve um ponto de inflexão: a passagem da felicidade para a busca da felicidade. E o mais incrível é que, havendo busca da felicidade, é porque felicidade não há. Ninguém busca o que já tem.

De certa maneira, penso que passamos de um cenário de potência, de vida potente, intensa, engajada, vida vivida com energia para um cenário no qual o ser humano, por meio do discurso, da linguagem, criou a palavra "felicidade". Quando ele cria essa palavra, a própria felicidade passa a ser objeto de busca, e não um elemento imanente à vida. Enquanto o ser humano buscar a felicidade, é normal que ele nunca a tenha, que nunca a viva, que nunca a experimente. Para que ele possa experimentar a felicidade, é preciso deixar de buscá-la, de persegui-la. É preciso que ela deixe de faltar, e passe a ser presença, encontro, tesão de viver. É claro, ao longo da história do pensamento, haverá inúmeras teorias, propostas, ideias maravilhosas sobre o que é preciso para que a vida possa valer a pena, para que ela seja boa.

Ilan – Lembrei-me do texto *A epopeia de Gilgamesh*.* Ele foi encontrado em um tablete na região do Iraque, em escrita cuneiforme. Hoje, é considerada a história mais antiga do mundo. Naquele tablete de barro, já se falava sobre felicidade. Isso há quatro ou cinco mil anos, antes de os filósofos gregos trazerem o conceito de eudaimonia. Na verdade, eu acho que o tempo está muito ligado à questão

---

* Antigo poema épico mesopotâmico datado de algum momento em torno de 2000 a.C., narra as aventuras do rei Gilgamesh ao lado de seu amigo Enquidu. Após a morte de Enquidu, Gilgamesh parte em busca da imortalidade. (N.E.)

da busca da felicidade. Uma pessoa muito ocupada não tem tempo de pensar na felicidade.

Existe uma história zen-budista de um menino que queria alcançar a iluminação. Para isso, ele praticava muito, meditava, corria. Ele chega, então, para o mestre e diz: "Que tragédia! Eu faço os seus exercícios todo dia, o tempo todo, e nada de iluminação". Ao que o mestre responde: "Se você se tranquilizar um pouco, respirar, parar de correr, talvez a iluminação o alcance. Porque ela está atrás de você, não na sua frente. Respire que talvez ela o alcance". O tempo está ligado à felicidade, não?

Clóvis – Não tenha dúvidas. Aliás, suas intervenções são muito ricas. Certa vez, dei uma aula sobre essa história, que é a primeira da qual se tem notícia. Isso foi parar na internet. Um professor da Universidade Federal de Minas Gerais me mandou esta mensagem: "Eu sou o maior especialista no Brasil desse assunto". Pensei: "Esse cara vai acabar comigo". Mas ele disse: "Adorei a maneira como você contou a história, tenho apenas um senão. A palavra 'Gilgamesh' não é oxítona, ela é paroxítona". Portanto, pronuncia-se "Gilgámesh". Eu agradeci e me desculpei. Pelo que entendi, essa história teria acontecido 27 séculos antes de Cristo, mas o relato é de XVII ou XVI a.C. É o primeiro relato em escrita cuneiforme, e só foi traduzido para o francês no século XIX. Então, como alguém pode saber que naquele momento se tratava de uma palavra paroxítona?

Ilan – Em cuneiforme...

Clóvis – Mas ele deve ter razão. De qualquer modo, nessa alegoria, no mito de Gilgamesh – esse rei sumério gigantesco, que viveu uma amizade no sentido mais completo do termo com Enquidu –, existe uma questão de felicidade maravilhosa que é a seguinte: o subtítulo dessa história é "O rei que não queria morrer". Isto é, no fim das contas, essa história nos traz uma reflexão maravilhosa de que o primeiro pré-requisito para uma vida feliz é aceitar a própria finitude. E aí eu já emendo na *Odisseia*, de **Homero**.

Na *Odisseia*, Ulisses está voltando de Troia. Ele é um herói, mas deseja voltar para Ítaca, para os braços de Penélope. Bom, esse é o lugar dele, e ele quer voltar. Mas, depois de ter furado o olho do ciclope Polifemo – e se a pessoa só tem um olho, ela fica cega –, este, que era bravo e grande, jurou vingança. O ciclope era filho de Poseidon. Veja o tamanho do problema! Porque ali, na Grécia, é tudo ilha. Tudo depende do mar. E Poseidon, deus dos mares, pai de Polifemo, resolveu se vingar e não deixava Ulisses chegar em casa. Foram dez anos até que ele conseguisse retornar. Por isso, se chama *Odisseia*. Ulisses é Odisseu.

Desses dez anos, sete deles foram na ilha de Calipso. E Calipso era uma deusa. Podemos imaginá-la como quisermos. Uma mistura do sorriso de **Natália do Vale** com a marotice de **Ísis Valverde** e a sensualidade de **Juliana Paes**. Essa era Calipso, irresistível. Segundo reza a *Odisseia*, ela gostava do riscado. Calipso cobrava presença na vertical de manhã, à tarde e à noite. Mas Ulisses queria voltar para Penélope, para Ítaca. Ele chorava todas as noites, porque queria voltar. E Calipso tinha suas paquitas, ninfas que faziam churrasco de lagosta, berinjela assada, comida vegana – porque Ulisses era vegano. Mas ele só chorava. Até que Atena, uma deusa do primeiro escalão, condoída de Ulisses, falou: "Ô, Zeus! Essa deusa não deixa Ulisses voltar para casa". Zeus, então, enviou Hermes, deus das comunicações, uma espécie de DHL* do Olimpo, até a ilha de Calipso, e mandou que soltassem Ulisses. Calipso não discutiu. Ulisses só ficaria se quisesse. Ela lhe propôs a eternidade e a juventude. Porque não adianta prometer a eternidade, mas a pessoa ir envelhecendo, virar uma uva-passa, completamente inapropriada para uso. É preciso continuar viril, forte. Calipso não descuidou disso: "Você vai continuar como está, maravilhoso para sempre". Esta é a própria ideia da apoteose, tornar-se deus. A Praça da Apoteose no Sambódromo é o

---

* Empresa de logística. (N.E.)

lugar onde, supostamente, mortais se tornam divinos e, portanto, eternos. Mas Ulisses confere a famosa resposta: "Eu prefiro levar uma vida de mortal que me é devida, adequada, que é alinhada a mim, do que levar uma vida de deus deslocada, fora de lugar, equivocada".

Há aqui uma lição que é a mesma de Gilgamesh: se quiser levar uma vida feliz, lide bem com a finitude. Saiba que vai acabar, e não veja problema nenhum nisso. Pelo contrário. Entenda que vida feliz é vida finita, vida que vai acabar. Eu diria que é no quadro da finitude que a reflexão sobre a vida e a felicidade faz sentido. Porque, se a vida fosse eterna, Ilan, nós não estaríamos nos encontrando hoje. Poderíamos deixar para amanhã. Poderíamos deixar para daqui a dez mil anos. Daria na mesma. Mas é porque sabemos que vamos acabar que nós marcamos nossa periodicidade. Aliás, aqui passo a bola para você, Ilan, com uma afirmação: todos os valores da vida dependem da consciência da sua finitude. Todos eles! Tudo que é objeto de zelo, carinho, preocupação, cuidado... Por exemplo, se zelamos pelo meio ambiente, é porque

> **Se quiser levar uma vida feliz, lide bem com a finitude. Saiba que vai acabar, e não veja problema nenhum nisso. Pelo contrário. Entenda que vida feliz é vida finita, vida que vai acabar.**

sabemos que podemos destruir o planeta. É o valor da vida. Se zelamos pela saúde, é porque sabemos que podemos adoecer. Se zelamos por um projeto, é porque sabemos que ele pode fracassar. Se zelamos pela segurança e pela saúde dos nossos filhos, é porque sabemos que são finitos. Todos os valores estão vinculados à consciência da finitude.

Ilan – Muito bom, Clóvis. Agora, vou entrar em uma polêmica, o que também é sempre bom. Quando você fala da questão da morte, trata-se de algo com o qual lidamos de maneira bastante complicada. Dificilmente, encontraremos alguém que lide bem com a ideia da morte. Eu me lembro de uma frase famosa de **Woody Allen**: "Não é que eu tenha medo de morrer. É que eu não quero estar lá quando isso acontecer". Tem um conto judaico que também fala um pouco disso.

Um velho senhor na Polônia, caminhando por uma floresta com lenha pesada sobre os ombros, reflete: "Meu Deus, que vida horrorosa. Eu, velho, com esta lenha nas costas. Por que a morte não me leva?". Bem nesse momento, para seu azar, a morte sobrevoava por cima dele. Ela desce, o velho coloca a lenha no chão e pergunta: "O que você quer?". A morte responde: "Você me chamou. E eu quero levá-lo". "Não, você entendeu errado. Só a chamei para me ajudar com a lenha que caiu. Quero pôr a lenha nos ombros e seguir meu caminho." [*Risos*]

Tem uma temática ainda mais polêmica. **Sigmund Freud**, em 1929, escreveu um texto brilhante, na minha opinião, chamado *O mal-estar na civilização*.* Ele diz que a felicidade é impossível ao ser humano, porque nós renunciamos a ela – não ao prazer, e Freud diferencia prazer de felicidade. De acordo com ele, nós renunciamos à felicidade para a civilização existir tal como é. Precisamos fazer essa renúncia e, em troca, temos a civilização e o convívio. Freud também diz, na epígrafe de um de seus textos: "Existem duas maneiras de ser feliz nesta vida. Uma é fazer-se de idiota. A outra é sê-lo".

Clóvis – *O mal-estar na civilização* é maravilhoso. Eu diria que é o texto de Freud mais próximo das ciências humanas. Para quem não é especialista em psicanálise, é o que mais tem ganchos com outras áreas de conhecimento das humanidades.

Ilan – Clóvis, vou só acrescentar uma informação, para conhecimento do leitor. Freud ganhou um único prêmio em vida, o Prêmio Goethe de Literatura. E ele ficou muito irritado com isso, porque queria ser visto como cientista. Mas o único prêmio que ele ganhou foi de literatura, pelo livro *A interpretação dos sonhos*,** que é mais específico.

---

* Publicado no Brasil pela Penguin-Companhia. (N.E.)
** Publicado no Brasil pela L&PM. (N.E.)

Clóvis – Aliás, como todo grande pai fundador, há essa preocupação de clareza. **Durkheim**, pai fundador da sociologia, também tem textos incríveis, assim como **Claude Lévi-Strauss**.

Acho interessante a ideia de que há um obstáculo para a felicidade inerente à própria vida em sociedade, à própria vida civilizada. E penso que quem explica isso da maneira mais didática possível é Thomas Hobbes em *Leviatã*.* O que ele diz? Que se trata de uma troca. Por exemplo, no estado de natureza, se a pessoa estava com fome, ela pegava uma pera ou uma maçã, ou mesmo um porco, e comia. Se estava com carência afetiva, pegava um outro alguém. De repente, por uma espécie de acordo de vontades, abrimos mão de muita coisa em troca de quê? De segurança, por causa do medo da morte violenta. Por isso, o Estado moderno é a opção por uma solução na qual se abre mão de muitas potencialidades em nome de uma instância que permita "dormir de porta aberta" – expressão de Hobbes. Portanto, quando Freud observa que a vida em sociedade, em grande medida, apresenta obstáculos para a felicidade, ele, é claro, sabe do que está falando.

Quanto à questão de ser ou parecer idiota, eu diria que não basta. Porque preencho esses dois requisitos e vejo a

---

* Texto clássico com diversas edições no Brasil. (N.E.)

felicidade a distância. Eu diria o seguinte: talvez seja preciso ser idiota para ser feliz, mas isso não basta. Quer dizer, caso você não seja idiota, não faça força para ser um. Porque isso não basta. A chance de se tornar idiota e continuar infeliz é muito grande. Por essa lógica, se você não é idiota, continue assim, lúcido e infeliz. Talvez até quanto mais lúcido, mais infeliz. Inclusive porque uma das prerrogativas da lucidez é investigar sobre o sentido da vida. Se a lucidez é elevada, talvez se constate que a vida não tem sentido nenhum. E não tendo sentido nenhum, compromete-se pelo menos um caminho de felicidade, o caminho do propósito, da realização, caminhos que requerem sentido para a vida.

Ilan – Acho que Freud foi profético, na verdade. Na Constituição Americana está escrito que todo ser humano tem o direito universal à procura da felicidade. E isso está embasado no conceito iluminista em que, sobretudo, os franceses acreditavam, de que a felicidade nunca se daria pela religião. Nunca pela religião, nunca pela questão espiritual, e sim pela razão e pela ciência. Voltaire, um grande expoente, disse: "O paraíso é onde estou. O paraíso é aqui e agora na Terra". E ele mesmo se dá conta da besteira que falou, porque, quando acontece o terremoto que dizima Lisboa, volta atrás e afirma: "Não, o paraíso não está na Terra. A esperança está".

Depois do Iluminismo, tivemos a Primeira e a Segunda Guerra Mundial. E, depois da Segunda Guerra, surgiu um autor chamado **Primo Levi**, que viveu em um campo de concentração. Ele disse: "Depois de Auschwitz, como acreditar em Deus?". Só que eu diria: depois de Auschwitz, que é a expressão suprema da infelicidade, como acreditar na felicidade? E aí vem a polêmica e a confusão, porque um outro pensador, **Viktor Frankl**, que também viveu em um campo de concentração, conseguiu encontrar dentro desse lugar um farol para a felicidade. Frankl dizia que, no campo de concentração, entendeu que para ser feliz precisamos dar um sentido para a vida. Ele exemplifica isso com o caso de um colega que acreditava que no Natal seria solto e veria a esposa e os filhos. Frankl conta que esse sujeito não morria por causa disso. Mas chegou o Natal e ninguém foi solto. No dia seguinte, esse sujeito morreu, desistiu. Portanto, enquanto Levi diz que não dá para ser feliz depois de Auschwitz, Frankl afirma que, se encontrarmos nosso sentido da vida, pode ser que a felicidade nos alcance.

Clóvis – Os gregos tinham uma ideia de felicidade baseada em um paradigma cósmico. Isso significa que a vida bem vivida, eudaimônica, feliz seria aquela em que cada um realiza plenamente sua natureza, e isso faria com que o cosmos, uma engenhoca finita e ordenada, funcionasse bem. Quer dizer, viver de maneira que cada um cumprisse a sua parte. Fazendo isso, viveríamos bem porque estaríamos em harmonia com tudo. A felicidade seria harmonia com o todo. Como conseguimos isso? Por meio da virtude. Quer dizer, fazendo bem o que se faz. Por esse motivo, a virtude é uma excelência. Assim, participaríamos do todo de maneira excelente. Vou dar um exemplo.

Imagine o seguinte: a inteligência da natureza identifica que, entre os humanos, está faltando um escritor infantil. A natureza fabrica, então, um escritor infantil. Isso quer dizer que a natureza de tudo é perfeita em cumprir o seu papel, a sua função. O vento é perfeito para ventar, a maré é perfeita para marear, o sapo é perfeito para sapear, o intestino é perfeito para excretar. Tudo é perfeito. Nasce, então, o pequeno Ilan, e a natureza já sabe que ele terá que ser escritor infantil. Mas ele resolve estudar psicologia. E se não for escritor infantil? Não vai ser feliz. Porque a natureza precisa dele para fechar a conta da engenhoca cósmica. Enquanto ele não escrever *Até as princesas soltam pum*,[*] não terá cumprido seu papel. E assim, "conhece-te a ti mesmo", ele percebe que é um escritor infantil, cumpre o seu papel, realiza a sua natureza. Ele é feliz, e o universo é feliz, porque Ilan cumpriu o seu papel.

---

[*] Editado em 2008 pela Brinque-Book. (N.E.)

Quando chega na Modernidade, **Nicolau Copérnico** e **Galileu Galilei** colocam o terror. Um barraco sem precedentes. Por quê? Porque sugerem que o cosmos não é bem assim. Não é uma engenhoca finita, com tudo em ordem, cada um cumprindo o seu papel etc. Então, se antes cada um tinha que realizar a sua natureza – e, portanto, havia uma espécie de felicidade como imitação da natureza –, o ser humano na Modernidade percebe que isso pode não ser nada bom. Inclusive, a própria natureza. Quando acontece o terremoto de Lisboa, parece que cai a ficha para o ser humano: "Essa natureza de que tanto falamos bem está nos matando". Surge, então, a perspectiva de uma reflexão sobre a vida humana fora do cosmos. Ora, se o cosmos não é a referência para o belo, para o justo, para o verdadeiro, para o como devemos viver, o que é então? É nesse momento que o ser humano se coloca no lugar do cosmos e surge o chamado humanismo. Se antes deveríamos perguntar ao cosmos como viver, agora, somos nós que temos que decidir o que fazer.

Antes, o que era uma obra de arte para o grego? Era a imitação do cosmos em um pequeno pedaço de matéria. O belo tinha, portanto, uma dimensão muito objetiva. Imitou bem o cosmos? É lindo. Não imitou? Não é lindo. Quando o cosmos desaparece, o que é o belo? É o que agrada a quem observa. A beleza está nos olhos de quem vê – assim, surge a estética, aquilo que é agradável a quem observa. Com a felicidade é a mesma coisa. Ela deixa de ser definida pela harmonia com o cosmos, porque, sem ele, a felicidade fica à deriva. Ou à espera de uma reflexão propriamente humana sobre o que é preciso para ser feliz, o que é imprescindível para que a vida seja boa. Podemos ter uma felicidade eudaimônica cósmica, de um lado, e uma felicidade humanista, digamos, deliberada e decidida por nós, de outro. E nós estamos nesse trabalho neste momento, cada vez mais distantes dessa felicidade cósmica. Por quê? Porque, se dermos a palavra a um dono de academia, ele dirá que, para ser feliz, é preciso ter uma barriga "tanquinho". Se dermos a palavra a um sacerdote, ele dirá que a felicidade depende da elevação espiritual. Se dermos a palavra a um dono de escola, ele dirá que a felicidade depende da instrução. Se dermos a palavra a um dono de fábrica de roupas, ele dirá que o mundo trata melhor quem se veste bem. Se dermos a palavra a um fabricante de *jet ski*, ele dará um jeito de vincular a felicidade ao vento no rosto. Portanto, de certa maneira, o que é preciso para ser feliz ficou na nossa mão. E nós, aqui, Ilan, não estamos fazendo diferente. Quando debatemos esse tema, participamos de uma grande luta, de um grande conflito sobre as condições humanamente definidas do que é a felicidade.

Ilan – Deixe-me trazer um componente bem atual para a nossa conversa, que muito me chamou a atenção.

Trabalho há anos com educação, com crianças. E buscar a felicidade do filho virou um bezerro de ouro dos pais. Isso tem atrapalhado muito o desenvolvimento interno da criança, porque a gente se sente infeliz de tanto buscar a felicidade. Como as pessoas que, de tanto buscar a saúde, ficam doentes. Portanto, precisamos prestar atenção nisso. Vejo muitos pais desesperados querendo colocar o sol na vida da criança, como representante da felicidade. Vou aqui plagiar um dos escritores da língua portuguesa de que mais gosto, que é **José Saramago**. Ele dizia que crescemos não só embaixo do sol, mas também na sombra.

Nossa sociedade virou uma busca incessante e maluca pela felicidade. Isso, inclusive, é traduzido em números. Nunca consumimos tantos antidepressivos. E muitos desses remédios são para a criança. Os níveis que temos de infelicidade no mundo nunca foram tão altos. Viver mais não significa viver mais feliz. Significa só viver mais. Estamos vivendo mais, mas estamos vivendo mais felizes? A Organização Mundial da Saúde aponta em pesquisas recentes que quase um milhão de pessoas se mata todos os anos no mundo.

> **Buscar a felicidade do filho virou um bezerro de ouro dos pais. Isso tem atrapalhado muito o desenvolvimento interno da criança, porque a gente se sente infeliz de tanto buscar a felicidade.**

É mais do que as perdas por uma guerra, ou pela violência urbana. Um milhão, a maioria de jovens! Isso em uma sociedade em que eles têm praticamente tudo, prosperidade material e mais.

Uma pesquisa feita em Harvard acompanhou mais de setecentas pessoas, durante 80 anos. O objetivo era saber o que tornava a vida dessas pessoas feliz. Na minha opinião, esses pesquisadores só perderam dinheiro. Passaram tantos anos pesquisando e a resposta já estava nos filósofos antigos. Bastava ter lido **Epicuro**. É claro, não dá para viver na miséria, dinheiro é importante até certo ponto, mas a pesquisa concluiu que o que torna a vida feliz são as amizades, poder compartilhar o conhecimento com outras pessoas, ter um trabalho que faça sentido – como Epicuro já dizia.

Clóvis – Estou plenamente de acordo. Isso que você fala de amizade, Ilan, de alguma maneira, Émile Durkheim confirma em *O suicídio*.[*] A tendência é todo mundo ficar triste. Mas, entre ficar triste e puxar o gatilho contra si mesmo, há os vínculos com as pessoas próximas, o tipo de liame social que nos une aos outros.

Uma excelente matéria-prima para uma vida boa – eu evito a palavra "felicidade", porque ela foi confiscada

---

[*] Publicado no Brasil pela WMF Martins Fontes. (N.E.)

pelo mundo do capital e pela publicidade – me parece ser uma questão de investimento nas relações. Quando digo relações, quero dizer nas *próprias* relações. Isto é, aprender a se relacionar com as pessoas, o que pressupõe elevação espiritual para abrir mão, para considerar o outro, levá-lo junto consigo. Para considerar a presença do outro como tão importante quanto a própria, a vida do outro como tão maravilhosa quanto a própria, a alegria do outro como tão relevante quanto a própria, e assim por diante. E, vamos combinar, não é todo mundo que sabe jogar esse jogo. As pessoas se relacionam, sim, mas, muitas vezes, o fazem regidas pela animalidade mais crua. Ou seja, pelo próprio prazer, pelo próprio ganho, pelo próprio benefício, pela própria vontade. Obviamente, as relações acabam se empobrecendo e, quiçá, se destruindo. Desse modo, penso eu que as relações interpessoais devem merecer maior atenção. Mas elas dependem da qualidade do desenvolvimento espiritual de cada um na hora de interagir.

O bem e o mal

Ilan – Separei três histórias de três religiões diferentes, filosofias diferentes, que falam sobre a bondade e a maldade. Depois, vou lhe fazer uma pergunta, Clóvis, que tem relação com essas histórias, e a gente começa este capítulo.

A primeira história é da cultura árabe. Um mestre árabe chega em sua sala de aula e surpreende os alunos que conversavam com uma intensidade atroz. Ele se aproxima e pergunta: "Meus caros alunos, sobre o que vocês estão conversando?". Ao que eles respondem: "Nós estamos falando que o mau instinto está nos perseguindo. Essa é a nossa conversa. Um mau instinto está nos perseguindo". O mestre, então, replica: "Meus caros alunos, não se preocupem. Apenas quando vocês alcançarem um alto nível espiritual é que o mau instinto vos perseguirá. Por enquanto, eu garanto, jovens e queridos alunos, são vocês que correm atrás do mau instinto".

Já a segunda história vem da cultura judaica. Ela tem mais de dois mil anos. Um homem, um gentio, que não era judeu, mas que gostaria de se converter ao judaísmo, se encaminha até um fariseu e diz o seguinte: "Caro rabino, por favor, me diga qual é a essência do judaísmo. Mas quero que me diga enquanto eu estiver ereto me equilibrando com um único pé. Esse é o tempo". O fariseu fica furioso e expulsa o homem dali. O homem, então, se pergunta: "Mas como é que eu vou descobrir?". E recebe uma dica: "Fale com o homem mais sábio da região". "E quem é ele?" "Hilel, o Sábio." Ele se dirige a Hilel e fala: "Eu quero saber qual é a essência do judaísmo. Mas isso enquanto eu estiver me equilibrando assim, com um único pé". Hilel responde: "Pode começar, se coloque em um pé só. A essência é a seguinte: não faça mal ao seu vizinho". O homem insiste: "E o que mais?". Hilel repete: "Não faça mal ao seu vizinho". "Que mais?" "Não tem mais. Essa é a essência. O resto são apenas comentários."

A terceira e última história vem da cultura zen-budista. Um poeta sai à procura de um grande sábio. Depois de muito tempo, o encontra e diz: "Como posso conduzir minha vida de um modo que me torne inseparável do Tao? Que sejamos uma coisa só?". O sábio zen responde: "Evite o mal e faça o bem". "E o que mais?" "Evite o mal e faça o bem." "Estou há anos e anos procurando o senhor, e, quando o encontro, recebo uma resposta que até uma criança de 3 anos daria?" O sábio, então, diz: "Pode até ser que uma criança de 3 anos saiba isso. Mas eu, com quase 90, ainda tento praticar essa mensagem".

Três histórias. Três culturas diferentes falando sobre o bem e o mal. Eu, Ilan, acredito — e essa é a minha crença por enquanto, pela minha experiência prática de vida e minhas leituras — que o bem e o mal estão dentro de cada um de nós. São como genes, conforme Amos Óz, escritor israelense já citado anteriormente, disse certa vez. Nascemos com o bem e o mal. E a luta entre eles se dá em nosso coração humano, como disse outro grande pensador e escritor, **Dostoiévski**. O palco, o MMA entre Deus e o diabo, se dá no coração humano, e não fora dele. Dito isso, eu queria lhe perguntar, Clóvis: como você analisa o nascimento do bem e do mal nos seres humanos? No mundo? É uma pergunta simples?

Clóvis — Talvez não haja possibilidade de uma pergunta mais embaçada do que essa. Mas vou tentar dizer algumas coisas nas quais eu genuinamente acredito. A primeira delas é a seguinte: quando colocamos o bem e o mal em lados opostos de um ringue disputando o coração humano, em extremos de uma gangorra ou de uma balança, podemos, indiretamente, acreditar que eles se equivalem.

Mas eu tenderia a não concordar com isso. Penso que existe uma assimetria entre o bem e o mal. O que quero dizer com isso? É que, quando alguém me pergunta o que é o mal, talvez eu leve um dia enrolando para dar uma resposta. Agora, quando alguém me pergunta o que é o bem, já aviso de antemão que não tenho a menor chance de responder nada a respeito. Por quê? Porque o mal me parece infinitamente mais cristalino do que o bem na vida cotidiana. Ele é muito mais impactante, muito mais óbvio do que o bem. Vou dar um exemplo.

Imaginemos que alguém em dificuldade financeira nos peça algum dinheiro. Outro dia, fui jantar perto de casa e sobrou comida. Pedi para embrulhar. Na volta, encontrei uma pessoa maltrapilha que caminhava com enorme dificuldade. Ela não veio me pedir nada. Fui eu que me aproximei e perguntei: "Para onde você está indo?". Ela sorriu e respondeu: "Na verdade, para lugar nenhum. Estou sempre indo". Falei, então: "Olhe, eu acabei de jantar. Eu poderia ter jantado com você, mas tenho isso aqui. Não entenda como uma sobra, porque eu mesmo iria comer isso amanhã". A pessoa me olhou, agradeceu, deixou a carrocinha que ela puxava de lado e se sentou ali mesmo, na sarjeta. Abriu o que eu tinha oferecido e, com a mão, começou a comer. Eu pedi desculpas por não ter talher. Ela disse que não tinha importância, que nada é importante quando se tem fome. Alguém poderia observar essa cena e pensar: "É indiscutível que esse cidadão fez o bem para o outro". E eu diria que não tenho tanta certeza assim. Porque, por detrás disso, haveria um milhão de motivações: expiação de culpa, busca de um lugar no paraíso... Poderia até ser uma tentativa de impressionar a mim mesmo. E claro, se imaginarmos que alguém esteja com outra pessoa fazendo a mesma coisa, isso também poderia ser interpretado como uma tentativa de construir uma imagem, uma identidade. Portanto, eu diria que todas essas motivações diminuiriam o valor daquele gesto. Agora, se alguém aborda essa pessoa maltrapilha na rua, com todos os seus pertences ali na carrocinha, e rouba tudo o que ela tem, aí não há dúvida de que está fazendo o mal. O mal é cristalino. Ele salta aos olhos. Já o bem sempre merece uma discussão a mais. Ele é sempre passível de uma dúvida suplementar. E essa é a primeira assimetria que vejo entre o bem e o mal.

Há um segundo ponto que eu gostaria de destacar, lembrando **David Hume** ou **Karl Popper**. Método indutivo. Uma pessoa vê cem cisnes brancos e pensa: "Bom, se encontrei cem cisnes brancos na vida, então eu posso concluir que todo cisne é branco". Alto lá. Nada impede que o centésimo primeiro cisne seja negro. Poderíamos dizer, então, que o falso está por toda parte. Ao passo que o verdadeiro é extremamente raro, complexo e fora da matemática. É praticamente impossível de ser completamente alcançado. Portanto, da mesma maneira que o falso está por toda parte e o verdadeiro é raro, eu diria que o mal está por toda parte e que o bem é uma joia preciosa. Por essa razão, eu vejo certa assimetria entre o bem e o mal.

Só para ir um pouco além. Eu poderia destacar três modalidades de mal. Acho que isso nos ajudaria. Poderia chamar a primeira delas de metafísica. Ou seja, é aquela modalidade da imperfeição. Por exemplo: somos professores, Ilan, e, naturalmente, poderíamos imaginar com Platão um *eidos* de aula, uma aula perfeita, um arquétipo de aula, e ela seria a aula que Deus daria se fosse professor como nós. Naturalmente, tudo o que é diferente daquilo que Deus faria é uma imperfeição. E essa imperfeição é um mal metafísico. É o que nos separa de Deus e do que Deus faria em nosso lugar. Eu poderia imaginar que, se Deus estivesse ao meu lado dando aula, ele diria: "Não, gesticule menos. Cuidado, palavrão não convém". O que acabaria acontecendo? Eu daria uma aula perfeita, mas não daria a minha aula. Para que eu, Clóvis, possa existir, é preciso que Deus permita a imperfeição. Porque, se Deus criasse o mundo perfeito, não haveria nada além dele. Poderíamos, então, dizer que, para que Deus crie alguma coisa diferente dele, é preciso haver imperfeição. Portanto, Deus recua para que o outro possa existir como tal, e não como uma simples extensão do divino e do perfeito.

Mas também há, é claro, dois outros males que são mais próximos de nós. O mal físico, que é a dor, a doença, o sofrimento. E o mal moral. Sobre este, Immanuel Kant diz simplesmente o seguinte: o mundo é mau. Para Kant, isso é uma evidência. Mas não é uma evidência para todo mundo. Quantos e quantos livros sobre encantamento, maravilhamento não podemos encontrar? Eu queria deixar claro que assino embaixo do que Kant disse sem tirar nem pôr. Afinal, Kant é Kant. Estamos falando, indiscutivelmente, do mais importante filósofo moderno. O mundo é mau. E dentro do mundo, o ser humano é mau por natureza. Trata-se de um mal intrínseco à natureza humana. O ser humano é mau. Ele sabe qual é o seu dever, sabe o que é o certo a fazer, conhece a lei moral, tem razão prática e inteligência prática para isso. Mas, deliberadamente, ele escolhe transgredi-la. E isso é uma particularidade como nenhuma outra seria. Tendo a concordar com Kant porque, pelo menos na minha vida, eu sempre soube em grande medida o que deveria fazer. Agora, tal como você disse na sua história, Ilan, ainda assim é preciso fazer. E tantas e tantas vezes eu, porque sou mau por natureza, escolhi fazer o errado.

Ilan – Clóvis, eu concordo com você. Não sei se pelas histórias que contei, mas estou plenamente de acordo. Aliás, trabalhando com infância, com crianças, sofro muito. E esse sofrimento tem certa relação também com uma filosofia do pensamento que não acredita nisso que você acabou de falar. Realmente, a maldade está conosco. Começa na infância, assim como a bondade. Mas existe uma linha filosófica que acredita que a maldade vem de fora para dentro. Ou seja, o ambiente deturparia a estrutura, a natureza humana. Um exemplo de quem acredita nisso, e foi acompanhando por vários filhos da filosofia, é **Jean-Jacques Rousseau** e sua grande hipocrisia. Ele se dizia o grande amigo da humanidade, mas não era capaz de dar bom dia para o vizinho. O cara era insuportável! Rousseau falava muito da infância, mas abandonou seus cinco filhos na roda dos expostos. Em seu livro *As confissões*,* ele diz que as crianças atrapalhavam seu pensar sobre a bondade humana. Ele não era capaz de pensar sobre a bondade com criança chorando. Mas, claro, Rousseau não era só mau, ele também tinha um lado bom. Ele criou coisas interessantíssimas. Mas o que ele fez de mau e permanece é acreditar que a maldade no desenvolvimento humano vem basicamente de um ambiente que vai corrompendo a criança.

Lembro de uma menina muito amorosa, que, com 2 ou 3 anos, simplesmente do nada pisou no pé da minha

---

*   Publicado no Brasil por diversas editoras. (N.E.)

filha. Eu a peguei no flagra. Foi um "pisão" maldoso. De onde veio aquilo? Foi o ambiente? Não, já estava dentro dela. Isso traz uma consequência complicada para quem trabalha com educação e literatura. Achamos que, se escrevermos sobre o mal, ele vai entrar na cabeça da criança. O que não ocorre. Pelo contrário, o mal dialoga com o mal. Só que esse pensamento do ambiente corrompendo o ser humano foi gerando filhotes. Grandes intelectuais, grandes pensadores começaram a falar sobre isso, como **Bertrand Russell**. Em *Por que não sou cristão*,* ele escreve que "a resposta fundamental é que o ódio e o medo podem, com nosso atual conhecimento psicológico e nossa atual técnica industrial, ser eliminados completamente da vida humana". Isso é influência de Rousseau. E nisso também pensou um sujeito maluco chamado **Ewen Cameron**. Ele fazia, havia décadas, experiências com choque elétrico baseadas nessa filosofia. Ele acreditava que, com os choques elétricos, poderíamos zerar a maldade na cabeça das pessoas e começar a criar a bondade do zero. Tábua rasa. Ele fez experiências macabras, para mostrar que, por meio desses choques, poderíamos remodelar o comportamento.

    Na minha visão, e acho isso importante, se acreditamos que somos seres imaculados, bons, limpos, mas ficamos

---

* Porto Alegre: L&PM Pocket, 2011, p. 65. (N.E.)

sujos, emporcalhados pelo ambiente, negamos a nossa própria natureza humana, e não conseguimos trabalhar com essa maldade interna. É só nos lembrarmos da nossa infância. Quem nunca matou uma formiga? Esse lado cruel, sádico precisa ser sublimado, como se diz em psicanálise. Sublimar significa transformar essa maldade em coisas construtivas, boas. Como fazemos isso? Por meio da arte. A arte tem várias funções. Uma delas é transformar essa criança que tem vontade de machucar em outra coisa, não negando sua natureza, mas falando sobre ela. Sublimando. Tendo sua catarse aristotélica. Por meio disso, a criança sente um alívio. Se negamos isso em nossa própria natureza, a maldade só faz crescer por dentro, e muito.

Se acreditamos que somos seres imaculados, bons, limpos, mas ficamos sujos, emporcalhados pelo ambiente, negamos a nossa própria natureza humana, e não conseguimos trabalhar com essa maldade interna.

Clóvis – Rousseau falava muito de uma piedade que seria própria à natureza humana. O ser humano começaria a vida contando com esse capital de piedade. Desse modo, ele seria compassivo por natureza, mas, ao viver, perderia pouco a pouco essa piedade em nome de situações, afetos enfrentados, condições próprias da existência dentro da sociedade, que vão corrompendo sua genuína disposição para o bem, digamos assim. Hobbes dirá exatamente o contrário. Que o ser humano é mau e, na melhor das hipóteses, a sociedade conseguirá consertá-lo um pouco, porque ela vai freá-lo, intimidá-lo e, com isso, poderá assegurar certa convivência entre as pessoas. No estado da natureza, isso não seria possível, porque se trata de uma guerra de todos contra todos. Então, voltando a Rousseau, tradicionalmente contrastado a Hobbes, eu me pergunto o seguinte: o que, afinal, corromperia o ser humano piedoso? Se me disserem que o ser humano é piedoso, mas, ao encontrar um coqueiro, ele se converte em um indivíduo cruel, macabro e malvado, bom, aí eu não teria nenhum argumento contra. Se é essa a relação e como há coqueiros no mundo, então, eles são a causa dessa conversão, desse surgimento da maldade no ser humano.

Mas o problema não são os coqueiros. O que determinaria o surgimento da maldade são outros homens e mulheres. É a convivência com o outro. Naturalmente, Rousseau dirá que é a convivência em sociedade. Porém, quando convivemos em sociedade, seguramente, quem encontramos são outras pessoas. Não encontramos a sociedade como uma entidade abstrata. Portanto, temos que aceitar, segundo essa teoria, que são as pessoas do nosso convívio que nos fazem perder a piedade e nos corromper. Ora, em que medida essas pessoas poderiam determinar esse efeito? Penso que não seria a partir da piedade pura. Porque, se houvesse uma pessoa A agindo com piedade e uma pessoa B também agindo com piedade, o resultado de um relacionamento entre pessoa A e pessoa B não poderia resultar em corrupção recíproca. Essas pessoas não se tornariam más ao interagirem com piedade, amor, respeito, empatia. Então, devo supor que aquele outro que corrompe já é, ele mesmo, corrompido. Sou obrigado a me remeter a esse que é corrompido e perguntar: se ele era piedoso antes, o que o fez se corromper? Alguém dirá que foi um outro, e assim por diante. Se seguirmos essa sequência indefinidamente, chegaremos em alguém que não foi corrompido por nenhum outro, mas terá sido causa da sua própria corrupção? Alguém corrupto por si mesmo? Ora, se há quem faça esse tipo de raciocínio para a bondade, podemos também fazer o mesmo para a corrupção. Porque senão o processo não tem origem.

Eu me coloco a pensar em tudo isso e concordo totalmente com você, Ilan. Basta examinar crianças se relacionando. Falamos de crianças porque temos a suposição de que estão mais próximas da origem e, portanto, de uma natureza ainda não maculada pela sociedade. Podemos observar que uma criança se comporta de maneira que faz triunfar as suas próprias expectativas até que uma força maior a ameace. Ela recua por medo em uma geometria de paixões, de natureza muito matemática, muito clara e simples. O ser humano é egoísta, calculador e interesseiro, digamos assim. Ou seja, prevalece apenas o interesse de cada um. Naturalmente, calcularemos os limites das nossas ações em função desta ou daquela estratégia. E o medo poderá pôr freios ao nosso ímpeto de saciedade, ao nosso ímpeto de satisfação de desejo, e assim por diante. Portanto, de certa maneira, a ideia de que já existe uma maldade entre nós ao nascer pode ser considerada plausível pelo menos.

Agora, eu gostaria de propor mais uma ideia e lhe devolver a palavra, Ilan: não seria talvez o caso de estarmos chamando de maldade aquilo que é o que é? Não seria o caso de o fazermos por conta de uma cultura judaico-cristã que nos banha? Não estaríamos chamando de maldade o ato de uma criança que pisa no pé de outra motivada, provavelmente, por um afeto de ódio? Talvez tomada pela inveja? Minha filha mais nova ia para a escola e, às vezes, voltava mordida. E mordida com gosto. Até no nariz ela foi mordida. E você sabe, Ilan, que um dos propósitos do estudo é viver melhor. Isso pressuporia algum tipo de controle sobre os ímpetos mais escatológicos que se manifestam em nós. Mas, quando a minha filha voltava mordida, aquilo me deixava de tal maneira transtornado que eu, invariavelmente, me dirigia à escola e ordenava: "Quero falar com a coordenadora pedagógica, quero saber o que está acontecendo". E isso em uma pegada muito rara no meu *modus vivendi* – porque a tristeza do outro determina em quem o ama um apequenamento de tal ordem que pode superar em muito a dor sofrida pelo amado –, a ponto de querer proferir: "Agora você vai me morder trinta vezes. Mas nunca mais morda a minha filha".

Acho que a sociedade – que obviamente nunca será perfeita, nunca será o palco ideal para a realização de si, nunca será espaço de vida exemplar, de vida boa – ainda assim garante um mínimo denominador comum de convivência. Por meio de seus mecanismos, alguns mais institucionalizados, outros menos, ela permite circunscrever a vida dentro de um certo orbital, que é o que torna a convivência em grupo mais possível do que se a sociedade não existisse. O bisturi que ela tem para moldar em nome da civilização vai desde a ironia, da zombaria, do *bullying* até a cadeira elétrica. Há uma gradação de reações sociais que, é claro, supostamente têm relação com a gravidade da ação cometida. E a gravidade dessa ação está ligada ao gravame, ao prejuízo que essa conduta gera na vida social, e assim por diante. Portanto, se não é o melhor dos mundos possíveis, ainda é melhor do que se nada existisse. Aqui, concordo com Freud quando diz que a civilização não é uma maravilha – talvez ele tenha até usado alguma expressão mais dura. Mas ainda é o melhor jeito de segurar a onda. Do contrário, o céu é o limite da barbárie, da selvageria, da truculência e, por que não, da crueldade também.

Ilan – Quando você pergunta, Clóvis, se a maldade está aprisionada em óculos judaico-cristãos, lhe respondo com muita tranquilidade e serenidade que, na minha visão, não. Lendo tantas histórias de diferentes culturas anteriores ao mundo judaico-cristão, vejo que a maldade já estava presente. Podemos pensar em **Zoroastro** – que você conhece bem por causa de **Nietzsche** –, em como a maldade e a bondade estão colocadas no zoroastrismo. Pensemos desde os mitos gregos, desde as culturas indígenas que pesquisei durante anos. Por exemplo, temos a visão, que também é rousseauniana, do indígena como sendo bom selvagem. Isso continua até hoje. **Napoleon Chagnon**, de *Nobres selvagens*,[*] é um antropólogo que passou anos com os ianomâmis, e relatava que eles, como qualquer ser humano, tinham atitudes más. Eles sequestravam e estupravam mulheres, faziam guerras, às vezes, gratuitas. É claro que ele também falava dos aspectos positivos, mas foi muito criticado por outros antropólogos. O fato é que a violência e a maldade são inerentes ao ser humano, independentemente se é judaico-cristão, se são magiares húngaros, se são culturas subsaarianas, se está na Ásia. Temos isso dentro de nós.

---

[*] Obra publicada no Brasil em 2015, pela editora Três Estrelas. (N.E.)

Outro ponto que eu gostaria de compartilhar é que, quando as minhas filhas chegavam com as famigeradas mordidas, Clóvis, não lidávamos bem com isso. Fui à escola para falar com a coordenadora e aprendi uma baita lição. A coordenadora, que era maravilhosa, me explicou o seguinte: "Ilan, quem mordeu sua filha foi tal criança. Venha comigo. Vamos vê-las brincando". Ela me apontou a criança, era a mais imatura da turma. Ou seja, a que menos falava. A linguagem não estava plena. Como a coordenadora me ensinou, a mordida daquela criança muitas vezes significava um "eu te amo", ou um "eu te odeio", "passe a bola", "estou com fome". Como ela não falava, mordia. Quando essa criança amadureceu, o ato de morder desapareceu, porque foi substituído pela linguagem. Veja, a linguagem tem um papel importante na questão da maldade e da bondade. Quando a coordenadora me disse: "Quanto menos repertório verbal, quanto menos linguagem as crianças tiverem na vida, mais vão morder umas às outras". Fazendo uma analogia com o mundo em que vivemos, a sociedade se morde muito, é violenta por várias razões. Uma delas, eu imagino que seja isto: quando a pessoa não fala, ela morde. E esse é um ato violento, que causa mal ao outro.

Uma outra questão que eu gostaria de apontar é que alguns psicólogos tentam mostrar, como Rousseau, que a maldade vem de fora. E há vários outros que acreditam que basta moldar o ambiente. Uma leitura que ilustra isso é o livro *Admirável mundo novo*,* uma distopia futurística sobre como a tecnologia e os controles sociais aprisionaram os humanos. Lembro-me de uma frase de Kant que dizia: "De tanto aplainar a natureza humana, a gente pode quebrá-la, e ela começa a sangrar". Ou seja, existem algumas utopias que almejam uma engenharia social e humana tamanha que começa a quebrar o ser humano. É o que está acontecendo em diversos lugares. Nos anos 1970, o psicólogo **Philip Zimbardo** fez uma experiência que virou filme: *O experimento de aprisionamento de Stanford*.** Ele reuniu alguns jovens para observar como era o comportamento deles quando lhes conferiam papéis. Havia, então, o papel do prisioneiro e o papel do policial. Zimbardo ficou estarrecido, precisou interromper o experimento. Os sujeitos que estavam com o poder começaram a causar um mal tamanho nos outros estudantes que era inacreditável. Praticavam torturas de uma maldade absoluta. E eram pessoas absolutamente comuns, do dia a dia. Fazendo referências ao nazismo, à ditadura, Zimbardo começou a questionar como pessoas comuns se transformam em monstros.

    Nietzsche dizia que o monstro está dentro de nós e só precisa ser cutucado. A palavra "cruel" vem do latim

---

*   Publicado no Brasil pela editora Biblioteca Azul. (N.E.)
** Filme lançado originalmente nos Estados Unidos em 2015. (N.E.)

e uma das interpretações no dicionário de etimologia é "aquele que gosta de ver sangue nos outros. Cruor". Há quem goste de ver sangue saindo dos outros, a morte alheia. Quando há, então, políticos ou líderes com esse perfil – e nós conhecemos alguns –, eles inspiram o pior de cada um, porque o monstro já está ali.

Existe um filme dinamarquês maravilhoso, chamado *Druk: Mais uma rodada.** É a história de um grupo de professores que têm uma vida perfeita e tediosa. Obviamente, o tédio leva ao desespero, e eles decidem beber para dar sentido à vida. "Enchem a cara" e vão dar aula. Um deles é um professor de história completamente desestimulado, cuja aula, quando ele começa a beber, se transforma. Por que estou contando isso? Porque ele faz o seguinte exercício com os alunos: "Existem três políticos. Darei as características dos três, e vocês me digam em quem votariam. O primeiro é mulherengo, traiu a mulher milhões de vezes. O segundo bebe todos os dias, de manhã e de noite. O terceiro respeita as mulheres, ama os animais e ama a arte. Em quem vocês votariam?". Todos responderam: "No terceiro, é claro". "Bom, o primeiro que vocês rejeitaram é **Franklin Delano Roosevelt**. O segundo é **Winston Churchil**. E o terceiro deles, que amava cachorros, é **Adolf Hitler**." Ele era

---

*   Filme originalmente lançado em 2020. (N.E.)

vegetariano, gostava de cachorros e, em seu círculo, tratava bem as pessoas. Portanto, a pergunta que coloco agora é: pessoas más podem fazer coisas boas?

Clóvis – Eu diria, Ilan, que o grande problema aí é a própria ideia de pessoa. Porque a ideia de pessoa nos remete a uma identidade e, portanto, a uma permanência ao longo de uma trajetória. Você está conversando comigo hoje, e voltaremos a nos falar outro dia. Não há dúvidas de que serei a mesma pessoa, digamos assim. Eu não preciso me apresentar toda vez que nos vemos, porque, de certa maneira, há uma presunção de que sou sempre o mesmo. O problema é que não é nada fácil identificar o que permanece. As células não param de se reproduzir, mitoses e meioses, os neurônios responsáveis pelas ideias não param de morrer, as sinapses não param de se realizar. Minhas próprias ideias também se vão, entram e saem. Os afetos obedecem a um fluxo ininterrupto. Eu poderia chegar aqui e dizer: "Sinto muito, mas o Clóvis de ontem não existe mais". Você pode perguntar: "Mas, caramba, por trás de tudo isso, o que sobrou?". Talvez haja, então, na questão da identidade, uma espécie de reconhecimento coletivo, de ilusão coletiva, para que possamos assegurar responsabilidade até. Senão, eu sou um facínora hoje, comporto-me de maneira execrável, mas amanhã digo: "Desculpe-me, quem eu era não existe mais. Já se perdeu no tempo. As células já são outras. É tudo outro".

Sempre preferi relacionar as questões morais não a pessoas, mas a condutas, comportamentos. De maneira que prefiro dizer que fulano agiu de maneira canalha a dizer que fulano é canalha. Porque o agir circunscreve na vida um momento que resultou de uma deliberação, de uma escolha e terminou em uma execução, em uma implementação física daquilo que foi pensado. A isso eu posso atribuir valor em função da filosofia moral que for a minha. Agora, se eu pensar em uma conduta específica e generalizá-la a ponto de atribuir o mesmo valor à pessoa e, portanto, à sua existência como um todo, tomando assim o todo por uma parte, certamente estarei incorrendo em vários problemas. O primeiro deles é que, se fulano é um canalha, terá que agir dessa forma do nascimento à cova, e só poderemos esperar dele condutas canalhas daqui para a frente. Qualquer tipo de resgate, formação moral tardia, de recuperação estaria completamente excluído, porque fulano é um canalha. E aí não há o que fazer.

Segundo ponto: se uma conduta indigna, inconfessável, lastimável é suficiente para determinar a índole moral de uma pessoa, somos todos canalhas. Aliás, escrevi um livro com esse título, *Somos todos canalhas*,[*] porque todos nós já agimos de maneira inconfessável alguma vez, senão muitas

---

[*] Publicado em 2020 pela editora HarperCollins. (N.E.)

vezes. É exatamente por isso que prefiro entender que uma pessoa, como tal, não sei muito bem o que ela é – razão pela qual não saberia determinar exatamente suas características como uma pessoa boa ou má. O máximo que dá para dizer é que, com alguma habitualidade, ela age de maneira condenável ou merecedora de aplauso.

Ilan – Mas, Clóvis, isso também vale para déspotas, ditadores que exterminaram milhões de pessoas? É claro que eles não nasceram assim, mas se transformaram nisso. O que você está dizendo vale para essas figuras históricas que arrasaram com seus povos e outros?

Clóvis – Se você achar que é a gravidade da conduta que justifica a operação intelectual, aí o argumento se torna frágil. Se é um canalha de pequeno porte, não contamina a pessoa; agora, se é um canalha de grande porte, de notoriedade, se ocupa o posto de governante, aí então pode ser condenado de uma vez por todas – não. É preciso manter o mesmo critério.

Pensemos naquilo que você disse, Ilan, sobre os três candidatos. N'*A República*, Platão dirá que um bom governante, antes de tudo, é um bom governante de si mesmo. E um bom governante de si mesmo não é um indivíduo escravizado pelo álcool, pelo baixo-ventre, pelas mulheres etc. Nesse sentido, nós precisaríamos de um bom governante que fosse primeiramente um bom governante de si mesmo. Agora, é claro, um bom governante, além de governar bem a si mesmo, tem que pretender o bem comum. Portanto, o terceiro candidato também seria descartado porque, sabidamente, não era o caso dele.

Para finalizar, eu queria lembrar como a literatura, assim como a filosofia, pode nos ajudar, de fato, a conhecer perfis psicológicos mais complexos. Isso nos ensina a evitar certas simplificações que são redutoras, empobrecedoras. Tenho certeza de que todo mundo já foi capaz de coisas muito dignas, muito louváveis, muito consideráveis. Mas, ao mesmo tempo, já fez coisas péssimas, medonhas, que geraram sofrimento. Todo mundo já usou seu discurso para participar da construção de uma reputação negativa, entristecedora, degradante. Portanto, sendo o sujeito um grande ou um pequeno déspota, eu diria que, se lhe déssemos a chance de ficar mais blindado e considerássemos as nossas ações de maneira mais séria, menos superficial, estereotipada, com certeza estaríamos dando oportunidade para alguém que tenha cometido uma atrocidade de retomar uma conduta melhor. Em *Os miseráveis*,* de **Victor Hugo**, Jean Valjean é recebido por um abade que lhe dá tudo, abrigo, comida. Ainda assim, ele furta o abade. Mais adiante, quando Jean

---

* Publicado no Brasil por diversas editoras. (N.E.)

Valjean é detido e acusado do furto, percebendo que a situação ia ficar muito ruim, eis que o próprio abade diz: "Eu que dei tudo para ele. Inclusive, ele esqueceu de levar o candelabro". Ora, perceba que, diante de um começo de obra com essas características, Jean Valjean, que, talvez, em uma avaliação pobre, já teria sido condenado em definitivo, se tornou uma figura capaz de gestos de extraordinária dignidade e generosidade.

Não entendo nada de literatura – o que não significa que eu entenda alguma coisa de outra, mas de literatura com certeza não entendo. Ainda assim, eu diria que alguns excelentes escritores são capazes de construir personagens de tal complexidade que o leque de inclinações morais vai de A a Z em uma única trama. Julien Sorel, de *O vermelho e o negro*,[*] de **Stendhal**, por exemplo. Há momentos em que achamos o cara o máximo. Depois, ele "pisa na bola" de novo, faz algo com o qual não concordamos. Stendhal é um gênio que, em seu tempo, era desprezado por todos, esculhambado pelas mulheres, com uma reputação péssima, escarnecido, sem nenhum reconhecimento. Talvez tenha sido o mais brilhante escritor francês de todos os tempos. Ou, talvez, tenha escrito – por que não? – o primeiro romance da história.

---

[*] Publicado no Brasil por diversas editoras. (N.E.)

Sei que seu argumento, Ilan, de um déspota que manda matar seu povo, é pesadíssimo. Ainda assim, essa não é uma pessoa má. Acho que, pela fragilidade da ideia de pessoa, prefiro acreditar que as questões éticas e morais tenham por objeto uma deliberação, uma decisão, uma escolha e uma ação concreta, de certa maneira, liberando o sujeito para seguir caminhos melhores dali para a frente.

Eu já fui pego "colando". Eu não sou tão ruim assim. Foi devastador para mim, foi horrível. Na verdade, não era bem que eu estava "colando", mas fui atormentado pelo entorno e, no afã de checar o que estávamos fazendo, fui eu o escolhido pelo acaso para "pagar o pato". E agradeço ao acaso até hoje, porque foi uma experiência de tal maneira devastadora para mim, na infância, que nunca mais me ocorreu esse desalinho.

Ilan – Gostei tanto do que você falou sobre a literatura, Clóvis. Nessas obras mencionadas, você se dirigiu a jovens e adultos. Mas eu queria me dirigir, agora, para os pais de crianças ou professores. Por meio da literatura, a criança é capaz de viver diferentes vidas. Para as crianças, principalmente, uma boa história, como um conto de fadas, é um mapa emocional, uma bússola de valores. Ele localiza a bondade e a maldade com algumas gradações, porque o relativismo faz mal para a criança, deixa a dúvida para depois. O começo da infância não tem que ser relativizado.

A criança precisa ter clareza, nesse mapa emocional, do personagem mau, do personagem bom, com o mal sendo castigado. Isso é fundamental para a constituição da criança, para que, depois, ela possa duvidar disso. A história é a oração da infância. Histórias que só falam de bondade não fazem sentido nenhum para a criança; as que falam só sobre maldade, também não. A criança anseia pelos dois campos, e ela vai chegar à conclusão que tem que chegar.

Ética e conduta

Ilan – Só para variar [*risos*], eu gostaria de começar este capítulo com uma história que é curta e tem várias versões. A versão que vou contar agora é zen. Ela se passa em um mosteiro zen, caindo aos pedaços. Podre. Com barata, rato, goteira... Um dia, um grande mestre zen reúne seus discípulos e lhes diz: "Meus caros alunos, a situação está grave. Olhem ao seu redor. Não dá mais. Por isso, eu tenho uma proposta para lhes fazer. Um pedido". Ao que todos respondem: "É claro, mestre". O mestre, então, explica: "Quero que sigam até a cidade mais próxima do mosteiro. Vocês sabem qual é a cidade mais próxima do mosteiro?". "Sim, sabemos." "Vão lá e roubem." Os alunos se espantam: "Como? Não ouvimos direito. Roubar?". "Sim, roubem." "Mas, mestre, somos discípulos do zen! Como assim?" "Mas vejam o estado do nosso mosteiro", diz o mestre, "vocês vão roubar para o bem dele. Então, para tranquilizá-los, façam o seguinte: furtem. Porque aí ninguém verá o que vão fazer, e vocês vão manter a reputação. Tragam o dinheiro e a gente arruma nosso mosteiro". Meio consternados, os alunos seguem para a cidade. Menos um deles. O mestre se aproxima e pergunta: "Você não entendeu? Eu falei para ir até a cidade". "Eu entendi, mas você disse que era para irmos até lá e furtar." "Sim, caro aluno." "E disse ainda que era para mantermos a nossa reputação, portanto, ninguém podia nos ver." "Sim." "Eu não posso ir." "Por quê?", indaga o mestre. "Porque, mestre, se eu for, com certeza alguém verá quando eu furtar." "Quem?" "Eu mesmo." O mestre, então, lhe pede: "Corra e chame os outros alunos". O discípulo chama os demais e dá uma aula sobre ética, sobre olhar para fora e para dentro. Dizem que esse aluno se tornou um grande mestre.

Essa história se encontra em várias partes do mundo e traz uma questão que acho muito complexa: a ética individual, o conflito que existe entre o mundo de dentro e o mundo de fora. A ética que parece que vale para fora, mas não tanto assim para dentro. E isso me lembrou de uma outra história, que está n'*A República*, de Platão, e que você costuma contar, Clóvis. Após um terremoto, um camponês encontra um gigante enterrado e tira um anel da mão dele. Quando esse camponês põe o anel no dedo, fica invisível. O anel lhe concede o poder de se tornar invisível. O camponês pensa, então, no que pode fazer com esse poder e decide ir até o castelo. Ele mata o rei e fica com a rainha. Portanto, com o anel da invisibilidade – o anel de Giges –, o sujeito que supostamente era do bem se transforma nesse monstro.

A pergunta que quero lhe fazer, Clóvis, é muito simples [risos]: como é possível ser ético se somos prisioneiros dos nossos desejos? Ou é possível ser ético sendo prisioneiros dos nossos desejos?

Clóvis – Eu imaginava mesmo que a pergunta seria "cabeluda"! Aliás, no nosso caso, coisas cabeludas serão sempre uma questão de ressentimento, amargura com a vida e com a genética... [Risos]

Antes de responder, quero pontuar aqui uma diferença que muito me agrada, entre a moral como a intimidade da consciência e a ética como uma busca coletiva de harmonizar convivências. Nesse sentido, a moral pretenderá sempre uma solução em função de princípios e de máximas que foram aprendidas, mas que, em um determinado momento da vida, de forma autônoma e soberana, presidem nossa deliberação, nossa decisão. E aí, claro, poderíamos dizer que, quanto menos gente olhando, melhor, porque, afinal, a moral nada tem a ver com o medo do olhar externo. Nada tem a ver com a repressão civilizatória. Portanto, nada tem a ver com câmeras, crachás, detectores de velocidade e tudo aquilo que utilizam para nos fiscalizar e – por que não? – nos escravizar. Eu diria, então, que a moral começa justamente onde começa a nossa liberdade perante o mundo para tomar uma decisão. Porque temos essa possibilidade de decidir, na intimidade da nossa consciência, por um ou por outro caminho.

Naturalmente, a moral aparece com um colorido ainda maior quando abrimos mão de uma vantagem, de um ganho, de um prazer, de um resultado em nome de um princípio. Porque, é claro, quando os dois coincidem, ou seja, quando aquilo que devemos fazer é exatamente o que nos levará ao que queremos, não sabemos de fato se agimos movidos pelo desejo ou pelo dever. Portanto, no fim, só temos certeza da presença da razão prática em nós, da soberania da moral justamente quando decidimos agir renunciando a um ganho, a uma vantagem, a um prazer, e assim por diante.

Seguindo a minha linha de raciocínio, não há moral se houver escravidão. Portanto, se formos escravos de nossos desejos o tempo todo, de maneira absolutamente determinada e necessária, é claro que a moral desaparece tal como a estou apresentando aqui. Porque a moral precisa dessa possibilidade de ir além da nossa natureza desejante – ou, se preferirmos, pulsional – e nos levar a tomar uma decisão em função de princípios que consideramos adequados. Esse é um ponto que me parece muito importante. Naturalmente, estamos no coração de um problema filosófico monumental, porque haverá gigantes dos dois lados. Gigantes que dirão que não, que no fim tudo é apenas matéria, células, átomos em circulação. E, portanto, toda soberania, autonomia, transcendência em relação aos nossos desejos é uma ignorância, uma ficção, uma estupidez. E haverá, do outro lado, outros gigantes monumentais a dizer que talvez não seja bem assim, que átomos caem na diagonal, mas nem todos, que há fissuras, que, entre causas e efeitos, há indeterminações. Que, na física quântica, quando o observador não está olhando, os fótons se comportam de um jeito, e, quando ele está olhando, os fótons se comportam de outro.

As coisas não são apenas causa e efeito e, portanto, há espaço para soberania, para ir além do nosso desejo. E aqui concedo a palavra inicialmente a Rousseau, que irá propor o conceito de vontade. A vontade como o conjunto de operações da inteligência que fazemos para ir além da nossa natureza e dar à vida certo caminho. Justamente porque o ser humano não é apenas instinto. Tenho certeza de que, se o ser humano possui algum instinto como resposta rígida ao mundo, isso não dá conta da vida. O ser humano vai além do instinto – ele não é instintivo e, portanto, para mim, o ser humano não é um animal. Essa é uma concepção que me é muito própria, dado que o animal se define por uma vida regida pelo instinto, e o ser humano não é assim. Dessa maneira, podemos dizer que a vontade é tudo o que preenche a vida para além do instinto. E é por isso, talvez, que o ser humano precise ser educado, civilizado, e, também, talvez por isso, que Rousseau tenha escrito *Emílio ou Da educação** e *O contrato social*.** É também por isso que o ser humano tem história. Se imaginarmos que uma formiga é regida por seu instinto, não há o que dizer de sua história, porque ela é a manifestação idêntica da sua natureza ao longo do tempo. A história do ser humano é o resultado da sua liberdade, criatividade, inovação, autonomia e daquilo que fez para si – eu diria que da mesma maneira no sentido individual e no coletivo.

Um formigueiro é o mesmo desde que existam formigas. Porque, no formigueiro, tudo o que é convivência entre formigas é regido por natureza. Existe, então, por natureza, quem manda, quem obedece, quem trabalha, quem não faz nada etc. Já uma cidade como a Londres de hoje, por exemplo, nada tem a ver com a Londres da Idade Média, porque ela é o resultado de uma produção coletiva, de uma soberania humana. Por isso, acredito mesmo que princípios morais possam ser traduzidos em vida, têm existência por conta de um respeito à razão prática, à nossa

---

* Obra publicada no Brasil pela editora Unesp. (N.E.)
** Obra publicada no Brasil por diversas editoras. (N.E.)

inteligência e que possam submeter nossos desejos a um crivo crítico. Se desejamos muito ter alguma coisa, mas para alcançar esse resultado precisamos adotar uma estratégia, uma conduta e uma ação que consideramos indignas, essa é a razão pela qual devemos abrir mão disso. Porque obter esse resultado nos jogaria na indignidade. Tenho certeza de que você, Ilan, poderá descrever aqui milhares de exemplos de coisas das quais abriu mão em nome do respeito a algum critério de dignidade da própria vida. Portanto, nós não somos como o gato, ou o lobo, ou a cobra, que vão atrás do seu prazer e da sua saciedade a qualquer preço.

Penso que a literatura nos brinda com vários exemplos que dissociam uma vida moralmente impecável de uma vida feliz em termos de vantagens, prazeres, desejos, e assim por diante. Em outras palavras, a literatura nos mostra que aqueles que agem em nome de princípios morais acabam mesmo tendo que renunciar a coisas que, por vezes, desejavam muito. A expressão "escravo do desejo" nos joga em uma vala comum e é, a meu ver, uma excelente desculpa, ou de uma enorme má-fé, que procura esconder todas as possibilidades que sempre tivemos para agir dignamente, mas que fizemos questão de não enxergar.

Kant dirá que há imperativos decorrentes de uma boa vontade. E a boa vontade é a única coisa indiscutivelmente boa em si mesma. A natureza nos confere beleza, inteligência,

A expressão "escravo do desejo" nos joga em uma vala comum e é, a meu ver, uma excelente desculpa, ou de uma enorme má-fé, que procura esconder todas as possibilidades que sempre tivemos para agir dignamente, mas que fizemos questão de não enxergar. força e agilidade. Mas nenhum desses atributos é bom em si mesmo, porque todos podem ser usados para o mal. Portanto, o que pode ser bom em si é a boa vontade. E essa boa vontade se traduz em imperativos. Quando alguém diz: "Eu sou uma pessoa próspera, estou bem de vida, tranquila, vejo muita gente se lascando, mas isso não é problema meu. Eu vejo muita gente sofrendo, mas isso não é problema meu. Vejo gente doente, mas isso também não é problema meu. Estou aqui de boa e fico só com o meu problema para resolver", será que esse comportamento, comumente denominado egoísta, é coincidente com uma boa vontade ou com o nosso dever? Por que razão temos que nos coçar para ajudar esse ou aquele? Por que motivo temos que nos preocupar com as pessoas que gravitam ao nosso redor? Ora, porque, de certa maneira, a vida é vivida com os outros. E, se fizermos do egoísmo uma lei universal, é possível que sejamos a próxima vítima. Porque, evidentemente, nossa prosperidade não nos trará amor, acalento, uma palavra de consolo quando necessitarmos disso. Quando levantarmos a mão em desespero e implorarmos: "Puxa, não vem ninguém aqui me socorrer?", alguém poderá argumentar: "Mas você foi o primeiro a dizer que é cada um por si. Não entendo por que agora está reclamando". No fim, esta regra de ouro da moralidade – "não faça aos outros aquilo que não gostaria que lhe fizessem" – não é exatamente o que Kant queria dizer. Porque tudo termina em si mesmo: não batemos para não apanharmos, não roubamos para não sermos roubados, não xingamos para não sermos xingados. Portanto, o motor de tudo termina no nosso bem-estar. A universalização do xingamento deterioraria a vida com os demais. A universalização do furto tornaria a convivência insuportável. A vida em sociedade requer confiança uns nos outros, e um comportamento desonesto compromete isso.

Ilan – Excelente, Clóvis. Você me fez pensar em um milhão de coisas. Parece-me que a minha visão é um pouco diferente da sua sobre os princípios morais e a ética. Por isso, eu queria saber o seu contraponto em relação ao que penso.

Primeiramente, eu me lembrei de **Blaise Pascal**, que disse que há dois tipos de seres humanos: aqueles que são íntegros, mas pensam que são pecadores, e aqueles que são pecadores, mas pensam que são íntegros. E, na sequência, me lembrei também de um livro estonteante, chamado *Quando* *deixamos de entender o mundo*,* que foi finalista do Booker Prize em 2021, um prêmio importantíssimo de literatura. O autor é o chileno **Benjamín Labatut**. Ele começa contando a história de um químico que hoje é pouco conhecido, mas que teve muita notoriedade no passado, **Fritz Haber**. Esse sujeito desenvolveu uma técnica para retirar o nitrogênio do ar e criar fertilizantes artificiais. Isso revolucionou o mundo, fez a população multiplicar de tamanho. A fome foi vencida em vários lugares por conta dessa técnica. Antes, as pessoas tiravam o nitrogênio de ossos humanos triturados. Por exemplo, quando a Inglaterra saqueou o Egito,** não levou apenas os tesouros dos faraós, mas também os ossos de escravos egípcios enterrados. Mas, às vezes, não havia tanto osso assim. Quando tem início a Primeira Guerra Mundial, Fritz Haber participa como oficial do lado alemão. E esse mesmo sujeito, que criou o fertilizante que salvou milhões de pessoas, foi responsável por criar as primeiras armas químicas, que foram usadas na Bélgica, na Primeira Batalha de Ypres,*** na qual milhares de soldados foram mortos. Depois disso, ele volta para casa, e sua esposa o questiona:

---

* Obra publicada no Brasil em 2022, pela editora Todavia. (N.E.)

** Em 1882, os ingleses desembarcaram na cidade de Alexandria e assumiram o controle do Egito até 1952, quando aconteceu a Revolução Egípcia. (N.E.)

*** Em 19 de outubro de 1914, perto da cidade belga de Ypres, forças alemãs iniciaram a primeira de três batalhas para tentar controlar a cidade e suas posições vantajosas na costa norte do país. (N.E.)

"Você está bem com seus princípios morais? Com a sua ética? Com o que você fez?". Ao que ele responde: "Sim, é uma guerra. E na guerra vale tudo". A mulher fica inconformada e, no meio de uma festa, ela se mata. Haber, depois da primeira guerra, foi condenado como criminoso de guerra, mas fugiu.

Esse livro que citei conta ainda a história de vários outros cientistas que viveram alguns dilemas por conta de suas descobertas. E eu não consigo entender por que isso acontece, Clóvis. Pessoas muito inteligentes, intelectuais de ponta, de um nível de razão imenso, muitas vezes professam seus princípios morais de forma universal, mas, na vida real, as consequências de seus atos, de sua forma de ser no mundo são completamente contrárias a esses princípios. Assim como Haber, que salvou milhões e matou milhares com a sua criação, parecem ficar tranquilos. Dentro dos princípios morais, da ética kantiana, que, quando chega em algum momento, o cérebro dá meia-volta para tentar justificar... Acho que Aristóteles falou sobre isso; é difícil ser juiz do próprio caso, julgar os próprios atos. Qual é a sua opinião, Clóvis? O que acontece? Eu não consigo entender por que Haber, por exemplo, não teve a mesma reação da esposa.

Clóvis – Eu diria que há aí algumas observações interessantes. A primeira delas é que existe um enfrentamento muito forte entre os que atribuem valor à ação por ela mesma, o que muitos chamam de deontologia – ou seja, o valor da ação está na ação, ou na razão pela qual agimos –, e quem pensa que o valor de uma ação nunca estará nela própria, mas em suas consequências – o que poderíamos chamar, de maneira mais abrangente, de uma ética consequencialista. Ou seja, para saber o valor de uma ação que acontece agora, seria preciso verificar o que vai acontecer daqui para a frente em função dessa ação. Nesse sentido, se o indivíduo agir bem, necessariamente, desencadeará boas consequências; se agir mal, desencadeará más consequências. A partir do momento em que há dois jeitos de pensar tão diferentes, podemos argumentar: "Mas quem tem razão?". Quem estaria autorizado a responder a essa pergunta? O que podemos fazer é refletir a respeito dos problemas dos dois jeitos de pensar.

Comecemos pelo consequencialismo. Quando se diz que uma ação é boa por conta de suas consequências, e que uma ação será boa porque produz boas consequências, sempre haverá um problema, que é saber o que é uma boa consequência. Porque, se temos um problema para identificar o que é uma boa ação, teremos o mesmo problema para identificar o que é uma boa consequência. Portanto, faremos apenas postergar o problema para mais tarde. Naturalmente, podemos tentar resolver esse problema à **Maquiavel** e afirmar o seguinte: a boa consequência é o indivíduo conseguir o que queria. No caso de um profissional da política, no caso de um soberano, seria conservar ou aumentar o próprio poder. Maquiavel estabelece isso e, a partir daí, ele analisa o valor da ação do soberano, ou seja, a partir desse resultado, dessa consequência. Essa é uma maneira de pensar. É claro, há várias objeções a fazer. Afinal, e o representado, o súdito, o povo? Maquiavel responderia sem ruborescer que a verdade do povo importa se ela for relevante para decidir se o soberano vai ou não aumentar seu poder. Obviamente, alguém dizer que agiu bem quando conseguiu o que queria poderia nos remeter à história do vendedor que mente para vender. Fica, então, muito difícil dizer que aquela ação foi boa na mentira, no engano, na ilusão para conseguir o efeito desejado, que era vender. Portanto, às vezes, o consequencialismo fica constrangido porque, se a questão é a consequência, pouco importa o que se faz. O que importa é produzir uma consequência boa. Mentir, enganar, roubar, nada disso é relevante em si; só tem valor por conta da consequência.

Surge, então, o utilitarismo na Inglaterra que dirá: a boa consequência não é conseguir o que queremos. A boa consequência é conseguir o que produz a felicidade do maior número de indivíduos. *Happiness*. Como a palavra "felicidade" é muito escorregadia e imprecisa, naturalmente, alguém alegará que *happiness is pleasure*. Se a felicidade é prazer, ótimo. Se nossa ação aumenta a felicidade do maior número de pessoas, e a felicidade é o prazer da maioria, então agimos bem; do contrário, agimos mal. Só que não é bem assim, e por várias razões. Em primeiro lugar, nada impede que a maioria seja torpe. E o que alegra a maioria é torpe. Talvez por isso Sócrates e Jesus tenham sido condenados com o aplauso da maioria. Mas há um outro problema: o que fazemos com a minoria? Se agimos de um jeito, alegramos a maioria, mas entristecemos a minoria. Só que, em outra ação, essa minoria pode mudar. Chega um determinado momento em que todo mundo acaba sendo vítima.

Um terceiro problema importantíssimo é que as consequências não têm fim. Elas seguem viagem. Existe a possibilidade de fazermos um teste de satisfação com o nosso leitor, por exemplo, definir arbitrariamente um limite para as consequências do que estamos debatendo. Porque os nossos leitores poderão comentar em casa sobre nosso debate. Desse modo, podemos dizer que as alegrias e as tristezas, os prazeres e as dores seguem viagem. E podemos até arriscar a dizer que o que estamos falando vai participar do repertório dos nossos leitores para sempre. É isso que nós pretendemos. Portanto, as consequências do que estamos fazendo aqui se reproduzem para sempre. Até quando vamos esperar para saber se agimos bem ou mal?

No que diz respeito à deontologia, ou seja, agir e atribuir valor à ação em função de princípios que seguimos, esbarramos em outros problemas, que envolvem a complexidade dos valores. Eu diria que o problema do químico que você citou, Ilan, é que, em algum momento, ele produziu a alegria, a felicidade de muita gente com o nitrogênio e, em outro momento, agrediu muita gente. Em contrapartida, se o consequencialismo é a régua, na guerra, matar um inimigo é a alegria do lado contrário, certo? E aí? Vamos contar quantas pessoas ficaram alegres e quantas ficaram tristes? Ou, então, agora o que conta é o princípio da conduta? Não sei. De qualquer maneira, eu, que não sou consequencialista, sou obrigado a pagar o preço de dizer que é perfeitamente possível que uma ação boa produza consequências nefastas. Senão para todo mundo, para muita gente. E sou obrigado a dizer que é perfeitamente possível que uma ação nefasta produza, eventualmente, consequências boas. Porque as consequências raramente decorrem de uma única ação. Poderíamos até dizer que nunca decorrem de uma única ação.

A título de exemplo: estou dissertando aqui. O valor do que estou escrevendo vai depender da satisfação de quem estiver lendo. O problema é que a satisfação de quem está me lendo não depende apenas do que estou falando; depende do que essa pessoa quer ouvir, das suas crenças, da sua formação, depende de coisas que me escapam completamente. Como é que posso, então, ser responsabilizado por um descontentamento que eu vá eventualmente causar com o que estou dizendo quando, na verdade, minha única vontade é ensinar, trazer lucidez, permitir pensar melhor? Aliás, eu diria mais: é normal que a educação para a sabedoria cause aqui e acolá momentos de tensão, de discordância, de confronto. Por isso, prefiro evidentemente pautar a minha vida por princípios que, por alguma razão, considero pertinentes àquela situação vivida e, de certa maneira, desconsiderar as consequências como critério de atribuição de valor ao que faço.

Vou além: um jogador que bate um pênalti pode fazê-lo no canto, à meia altura, forte. Ele bate o pênalti de maneira tecnicamente impecável. Mas o goleiro, em um dia de Homem Aranha, pega a bola. Alguém poderia dizer: "Ah, o valor do golpe depende de a bola entrar". Ora, se o jogador chuta mal no meio do gol, mas a bola entra porque o goleiro a deixou escapar, quer dizer que o pênalti foi bem batido? Mas se o jogador chuta a bola no canto, à meia altura, e o goleiro tem um gesto de genialidade, então o pênalti foi mal batido? Não consigo aceitar isso, porque nos deixa nas mãos do aleatório, da causalidade que não podemos controlar.

Mas eu acredito que o ponto mais tenso dessa teoria é justamente aquele enfatizado por Kant, que é não mentir.

Ora, alguém poderia dar o seguinte exemplo: "Você está escondendo seu filho de uma patrulha injusta. Se disser a verdade, terá que entregá-lo. Ninguém pode achar isso justo. Portanto, não mentir ou dizer a verdade não pode ser um imperativo categórico que triunfe em qualquer situação". Por que, então, não devemos mentir mesmo quando a mentira supostamente produza efeitos superiores a dizer a verdade?

Quando Sócrates saía para ensinar as pessoas, ele fazia isso em nome da cidade, em nome da sociedade, em nome de Atenas. Afinal, pessoas que pensam melhor formariam uma cidade melhor. Portanto, Sócrates não estava pensando em Fulano, Beltrano ou Sicrano. Sócrates não era Jesus. O amor de Sócrates era Atenas. Era a pólis, o coletivo. Poderíamos dizer que Kant pensava de forma mais ou menos parecida. Ou seja, é possível que, dizendo a verdade, no particular haja muita tristeza. Mas se, ao mentir, o indivíduo integra um espaço de mentirosos, ele rompe com a confiança de uns em outros. E joga todos na vala da repressão, do autoritarismo e da coerção externa. Porque, é claro, se não podemos confiar em alguém, qual é o único jeito de nos sentirmos seguros em relação a essa pessoa? Com repressão externa.

Para que possamos ter uma sociedade na qual uns confiem nos outros, é preciso que haja uma espécie de verdade universal como regra. Porque, se a mentira for a regra, vira o que vivemos hoje. Somos vítimas da desconfiança do outro

> **Para que possamos ter uma sociedade na qual uns confiem nos outros, é preciso que haja uma espécie de verdade universal como regra. Porque, se a mentira for a regra, vira o que vivemos hoje. Somos vítimas da desconfiança do outro por onde quer que vamos.**

por onde quer que vamos. Por exemplo, nos hospedamos em um hotel e dizemos que consumimos alguns itens do frigobar, e um funcionário vai lá checar. Quer dizer, há uma desconfiança generalizada, consequência de uma consciência moral esfacelada. Quando ninguém confia em ninguém, quando nos sentimos seguros apenas na presença de um capataz, de um radar, de uma tornozeleira, de um guarda, de um militar, o que acontece? Nós abrimos mão de viver em uma sociedade livre. Podemos assistir até em eleições livres à multiplicação de uma oferta política que é a da repressão, com candidatos se apresentando como mais repressores do que outros: "Comigo é cadeia neles, comigo é na porrada!". Em outras palavras, qual é o viés tomado por esta sociedade? É o viés da desconfiança generalizada. Trata-se, portanto, de um esfacelamento moral absoluto.

Ilan – Para encerrar, gostaria de deixar um pensamento referente a tudo isso que você falou, Clóvis, para os pais. Eu me lembro de um casal que se aproximou de mim há muitos anos. Eu já escrevia literatura infantil. Eles disseram: "Ilan, por favor, você pode escrever livros que falem sobre paz e tolerância para os nossos filhos?". Internamente, comecei a rir, porque eu conhecia esses pais havia muitos anos e sabia que eles se desrespeitavam constantemente na frente dos filhos, de uma forma atroz. Esses pais queriam terceirizar para mim uma função ética e moral que seria deles, de mostrar aos filhos, na prática, o que é a paz e a tolerância. Porque a criança aprende pelo modelo. Se os pais são um modelo de paz e tolerância, isso transbordará também para os filhos.

As minhas filhas sempre me viram falando bom dia e obrigado para os outros. Conversando com as pessoas que trabalham no condomínio onde moramos, que estão ali há tantos anos. Fazemos parte da mesma comunidade. Como passar por essas pessoas sem cumprimentá-las, sem perguntar como elas estão? De repente, enquanto minhas filhas cresciam, percebi que elas faziam a mesma coisa sem eu nunca ter lhes pedido nada. Isso é modelo. E pode acontecer o contrário também. Quando falamos em ética e princípios morais no crescimento das crianças, não adianta dar uma cartilha a elas se não praticarmos isso, se não formos o exemplo do que queremos que nossos filhos sejam. A literatura pode nos ajudar, mas temos que ajudar a literatura também.

Clóvis, você dissertou sobre essas questões tão complexas e eu ainda fico cismado quando vejo autores dos quais gosto muito e que sei que, na vida, como Fritz Haber, foram o oposto do que escreveram. Foram exatamente como esse casal que mencionei. **Michel Foucault**, por exemplo. Ele falava sobre a sociedade da disciplina, da opressão, da prisão. Era um libertário, mas, ao mesmo tempo, apoiou regimes totalitários. O xá do Irã **Reza Pahlavi** foi derrubado com a Revolução Islâmica e sucedido por **Ruhollah Khomeini**. Mesmo sabendo que, com Khomeini, a sociedade iraniana havia se tornado uma sociedade totalitária que perseguia opositores e minorias como os *gays*, Foucault, que era homossexual, se calou e continuou apoiando o regime fundamentalista. Outro autor com o qual me decepcionei na seara política é **Jean-Paul Sartre**, embora continue amando seus textos. Ele escrevia sobre o indivíduo, sobre a liberdade do pensamento, mas falava de nações totalitárias com amor! Não consigo entender isso. São todos ícones, mitos da intelectualidade humana. Fico confuso, porque eles não conseguiam juntar o que falavam nos textos com a vida real e prática. Você entende a minha angústia, Clóvis?

Clóvis – Entendo. Mas sabe o que é? Você concordará comigo que a vida no mundo é de uma complexidade que transborda, e as pessoas vão, ao longo da existência, assumindo posições e manifestando ideias. Elas vão sendo associadas, vinculadas a essas ideias. E o mundo segue viagem em seu caos absoluto, em uma realidade cada vez mais surpreendente e enlouquecida. Tal como um quebra-cabeça, tentamos encontrar no mundo aquilo que ainda se ajusta às coisas em que sempre acreditamos, que são, muitas vezes, vinculadas à nossa identidade. E é desesperador, porque o mundo vai desmentindo a cada segundo aquilo que dizemos. Aí, é preciso ter a humildade e a coragem de assumir: "É o seguinte, pensei aquilo naquele momento, diante daquele mundo, mas agora as coisas que eu disse estão claramente defasadas, caducas ou francamente equivocadas. E eu não tenho nenhum problema em convidar você, que me leu antes, a me acompanhar nessa minha mudança de ponto de vista, de maneira de pensar". **Ludwig Wittgenstein** é um caso clássico, seu pensamento tem uma primeira e uma segunda fase. No meu caso, eu teria pelos menos umas quinze versões, mas não há problema nisso, porque, como o que eu falo é socialmente irrelevante, o fato de voltar atrás em alguma ideia não representa grande coisa. [*Risos*] Nesse sentido, o anonimato é uma proteção. Porque falar que o que disse antes não está mais valendo pode despertar desconfiança, fazer perder credibilidade.

Insisto em um ponto: acho mesmo que a sabedoria, ou a busca dela, está ligada a essa combinação que nem sempre é óbvia entre pensar bem e viver de acordo com o pensamento.

Parece tão óbvio, mas não é. Podemos encontrar alguém versado na *Crítica da razão pura*,* de Kant, que fecha o livro e age de maneira canalha de manhã até de noite. Porque, para essa pessoa, a filosofia é só um discurso. Provavelmente um discurso que ela negocia para autoconsagração, para se posicionar em sociedade.

Ilan – E existe o contrário também. O analfabeto que nunca leu Kant, mas é mais kantiano que o próprio.

Clóvis – É claro! Por exemplo, estamos trabalhando juntos em vários projetos, Ilan. O que eu tenho dito sobre você? Você se apresenta como uma ótima pessoa. E qual é a graça disso? É que você é uma ótima pessoa. Você age de acordo. Há uma harmonia entre aquilo que você comunica sobre si pelos seus gestos, por sua maneira de falar, por suas ideias, e a maneira como convive com as pessoas, as respeita e interage com elas.

Eu citaria um segundo exemplo, de quem sou muito fã: a Monja Coen comunica o budismo, se veste como, raspa o cabelo etc. Quando convivemos com ela, percebemos que a vida que leva é coerente com seu pensamento. Mais um exemplo: o professor **Mario Sergio Cortella** é alguém que conhece profundamente a filosofia cristã. Ele é um militante

---

* Obra publicada no Brasil por diversas editoras. (N.E.)

católico. E ele é um cristão. Ou seja, vive como um cristão, respeita os ensinamentos de Cristo e é um conhecedor e um professor desses ensinamentos. Portanto, são pessoas de uma coerência maravilhosa entre o que pensam e como vivem. Ao mesmo tempo, eu teria vários exemplos de pessoas que estão em um abismo imenso entre o que dizem e o que fazem – mas, é claro, isso não vem ao caso, porque não estamos aqui para a maledicência.

O papel da educação

Ilan – Um tema que, para mim, é particularmente apaixonante é a educação. E, como sempre, Clóvis, vou começar com uma história que encontrei na Polônia e que está em um livro meu chamado *O alvo*.[*] A minha avó materna nasceu na Polônia. Eu tenho parentes que nasceram ali antes da Segunda Guerra Mundial e conseguiram deixar o país antes de a guerra eclodir.

Essa história, Clóvis, é sobre um professor na Polônia, que tinha uma característica: as pessoas se aproximavam dele na rua e faziam as mais diversas perguntas. Perguntavam sobre saúde, amor, doença. E ele sempre respondia a esses questionamentos com uma história. Era incrível porque a

---

[*] Obra publicada em segunda edição pela editora Moderna em 2019. (N.E.)

história sempre tinha relação com a demanda da pessoa. Certo dia, esse professor estava na sala de aula e um aluno daqueles mais agitados, rebeldes, que não param quietos, levanta a mão e pergunta: "Professor, como você consegue? Todo mundo se aproxima para lhe perguntar coisas e você responde sempre com uma história. E ela sempre encaixa, é sempre certeira. Como você consegue?". O professor, então, diz: "Isso me lembra uma história". E conta que, há muitos anos, um menino, que ainda era uma criança, desejava ser o melhor arqueiro do mundo. O que ele fez para isso? Estudou e praticou muito. Estudou o quê? Física, matemática, a ciência do vento e da madeira. Tudo. E ao mesmo tempo ele praticava muito. Esse menino cresceu e se tornou um jovem. E decidiu: "Vou entrar em uma escola, a melhor de arco e flecha da Polônia". Quando terminou o curso, pensou: "Agora preciso competir. A competição certamente vai me levar a um nível altíssimo". Havia uma competição em uma cidade chamada Lublin. Mas, antes de entrar na cidade, o jovem viu algo que o deixou abismado. Ele avistou um cercado de mais de 100 metros de comprimento. E havia 100 alvos pintados. O jovem se aproximou e observou que havia marcas na pontuação máxima em cada alvo. Alguém havia atirado 100 vezes e atingido 100 vezes a pontuação máxima. Em voz alta, o jovem falou: "Eu não sei quem é capaz de tamanha perfeição. Eu não sou capaz de fazer isso!

Quem fez isso?". Foi quando ele ouviu alguém lhe chamar: "Moço, moço". Ele olhou para o lado e viu um garoto que não devia ter mais de 7 anos: "Moço, fui eu". "Foi você o quê?" "Eu que fiz isso." "Mentiroso! Cadê os seus pais?" "Moço, me deixe lhe contar. É muito fácil. Primeiro, eu atiro as flechas e depois pinto os alvos ao redor." Os alunos riem e o professor então responde ao aluno: "Meu caro, eu sou um pouco como o jovem e como o menino. Eu estudei muito. Li muitas histórias, pratiquei muito, contei muitas delas, então pessoas se aproximam de mim e fazem as suas perguntas, e eu apenas pinto as histórias em volta de cada uma delas".

Uma das interpretações da etimologia da palavra "educação" vem do latim e significa *ex ducere*. *Ex* é puxar, *ducere*, para fora. Ou seja, educação é tirar o que o outro tem de melhor. E todo mundo, ou quase todo mundo, tem algo de bom dentro de si. A educação foi entrando lentamente na minha vida e trazendo grandes mudanças. Eu nasci educador aos 18 anos, quando fui trabalhar com crianças pequenas. Como todo jovem, era mais radical em relação à teoria educativa. Eu achava que ela era monolítica, que a minha visão de educação era a mais correta do mundo. Porém, quanto mais a prática se intensificava, mais minhas certezas iam se modificando.

Na primeira vez que entrei como professor em uma sala de aula com alunos de 14 anos de idade, uma questão me incomodou profundamente. Nessa turma, havia um aluno de 17 anos que havia repetido várias vezes de ano. Ele tinha uma série de problemas, e era visto pelo resto da turma como burro, ignorante. Ele não conseguia sair dessa posição em que o haviam colocado. Na sala dos professores, ouvia alguns colegas meus falando mal dele, e eu dizia: "Vocês estão falando mal do menino, mas tinham que ajudar ele. Porque os meninos dos quais vocês estão falando bem não precisam da sua ajuda. Vocês precisam dar a mão para quem precisa, não para quem não precisa". Um dia, decidi que esse menino não podia ficar naquela posição. Então, o chamei: "Cara, eu sei que, com o estudo, está difícil. Mas do que é que você gosta? De alguma coisa você deve gostar. Você vem para a escola, mas onde está a sua cabeça?". Ele respondeu: "Eu gosto de tocar guitarra". Pedi para ele trazer a guitarra e o amplificador no dia seguinte. Ele era absurdamente bom! Os olhos dos colegas que o menosprezavam começaram a brilhar. Imaginei o garoto em uma banda de *rock*, aparecendo em programa de televisão, e aqueles professores, que achavam que ele terminaria a escola com muita dificuldade, dizendo: "Eu sabia, ele era meu aluno. Eu sabia que ele ia longe".

A educação, para mim, sempre foi essa relação da teoria com a prática. E eu li muitos teóricos, cada um com as suas ideias. De **Lev Vygotsky** a **Célestin Freinet**, **Anísio Teixeira** no Brasil. Passando obviamente por Rousseau, por Platão, **Michel de Montaigne, Emilia Ferreiro**. E o que me dei conta, ao longo de todos esses anos lendo esses estudiosos, é que a educação é viva. É dinâmica. Os livros, os teóricos não podem aprisionar nosso olhar. De qualquer modo, a função da educação, na minha visão, é dar autonomia, independência ao outro. Para isso, precisamos de repertório. Por isso, eu queria trazer para nossa conversa um teórico pouco falado fora da área da educação no Brasil, **Jan Amos Comenius**.

Comenius é considerado um dos pais da pedagogia, da didática moderna. Ele nasceu no século XVII, no que chamamos hoje de República Tcheca. Gênio. Um livro dele que indico se chama *A escola da infância.** Comenius traz uma questão muito interessante e que me incomoda profundamente. Quando eu era jovem, corria à boca pequena que a escola é uma das instituições mais conservadoras que existem. Conservadora e reacionária. Dizia-se que, se colocássemos um sujeito da Antiguidade na avenida Paulista, em São Paulo, ele ficaria desesperado, mas se o colocássemos em uma escola ele ficaria confortável porque nada mudou. Por muito tempo, me foi dito que a escola precisava mudar, e eu acreditei nisso por longos anos. Mas fui mudando também. Acho que a escola tem muitas

---

*   Obra publicada no Brasil pela editora Unesp. (N.E.)

coisas boas e ruins do passado, não precisamos jogar tudo fora. E Comenius tem uma linda visão de educação. Ele fala sobre o brincar, a alimentação, as relações. Para ele, não havia nada mais importante para a criança aprender do que a se relacionar com outra criança. Essa é a educação. Colocamos as crianças juntas e elas aprendem.

Particularmente, sou contra o *homeschooling*. Isso, para mim, é ser antiescola. A base da escola é o relacionamento, é aprender com o outro. Pensando nisso, eu queria colocar alguns questionamentos, Clóvis: como foi a sua experiência escolar da infância à juventude? Essa experiência mudou seu papel, sua forma de lidar, como professor, com os seus alunos? Você acha que a escola é um lugar completamente conservador, reacionário, que precisa ser completamente modificado?

Clóvis – Você falou tanta coisa maravilhosa, Ilan, que eu apenas vou atrás. Como acontece no hipódromo, quando o cavalo com o jóquei passa e alguém vai atrás nivelando a areia para o próximo páreo. A história do alvo é simplesmente fascinante, e me lembrou uma grande amiga por quem tenho um carinho infinito, que me acompanhou durante muito tempo pela internet sem que eu soubesse disso. Depois, nos aproximamos e passamos a dialogar. Fiz exercícios para o meu aprendizado nos quais eu lançava uma ideia e ela construía uma história em torno disso. Ela era, na minha experiência, o maior arqueiro que já vi. Existem pessoas extraordinárias capazes de pintar alvos em torno de flechas e de disparar flechas com um acerto enternecedor.

Falando sobre a questão do conservadorismo, se pensarmos que os conteúdos curriculares não são um imperativo por si, ou seja, aquilo que aprendemos na escola poderia ser infinitamente outra coisa – e, portanto, todo conteúdo curricular é uma escolha, é o resultado de uma decisão –, poderíamos, então, supor ou nos perguntar de onde vem essa decisão. Por que estudamos tanto a história da França e tão pouco a da África, por exemplo? Se praticamente não há franceses por aqui, mas temos nossos irmãos africanos que, para a nossa sorte, conosco se miscigenaram, deixando aí uma população altamente rica do ponto de vista étnico? Portanto, se um currículo é, mas poderia ser outro, deve haver alguém que tenha interesse de que seja desse jeito. Em outras palavras, não é por acaso que as coisas são como são. Não é por acaso que alguns saberes são considerados importantes e outros, irrelevantes a ponto de nem sequer serem mencionados. Poderíamos, então, dizer que todo currículo escolar é um objeto de luta. E, portanto, poderíamos dizer também

Não é por acaso que alguns saberes são considerados importantes e outros, irrelevantes a ponto de nem sequer serem mencionados.

que, se um currículo é o que é, isso é resultado de uma vitória provisória, de um triunfo provisório de certo entendimento do mundo em detrimento de outros entendimentos.

Tendo essa concepção propriamente política, poderíamos, então, nos perguntar o que deveria nos pautar na definição de currículo escolar. E, é claro, poderíamos pensar na formação do futuro cidadão, no que a sociedade deseja que ele saiba para que possa integrar como adulto a nossa sociedade. Naturalmente, para que isso fosse possível, seria preciso que soubéssemos, de maneira mais ou menos clara, o tipo de sociedade em que gostaríamos de viver. Isso implicaria identificar, ou saber identificar, aquilo que é mais importante preservar, que são os grandes valores. Grandes valores de cidadania, valores éticos de convivência, valores morais de decência existencial que, de certa maneira, poderiam permitir uma vida auspiciosa junto com os demais. Portanto, é sabido que é preciso, de fato, dominar certos saberes. Só poderemos escolher esses conhecimentos com lucidez se soubermos em que tipo de sociedade desejamos viver. E não me parece, Ilan, que haja de nossa parte, concidadãos, uma plena consciência do tipo de sociedade em que queremos viver. Intuo isso pelas escolhas majoritárias que temos feito ao longo dos anos. Que não são propriamente alinhadas, que não guardam entre si coerência, e me fazem pensar que estamos um pouco à deriva sobre aquilo que parece mais fundamental e mais importante. Nesse sentido, eu gostaria de citar o professor **Pierre Bourdieu** e propor uma reflexão feita pelos sociólogos da educação que pode ir muito longe.

Na sociologia da educação, podemos identificar a escola como um espaço de consolidação de certas representações do mundo em detrimento de outras, assim como de definição de certos hábitos primários que tornam, eu diria, natural, evidente e óbvio aquilo que de natural, evidente e óbvio não tem nada. É apenas o resultado do interesse daqueles que, pelo menos provisoriamente, controlam certo espaço de legitimação de conhecimentos. Vamos sair da escola fundamental e ir para um outro segmento, que me é mais familiar – não que eu o conheça bem, de jeito nenhum. Embora tenha estado na universidade por mais de 30 anos, não domino todos os seus meandros. Mas vamos imaginar um aluno que resolva ser um cientista. Ele vai perceber que a universidade tem praticamente o monopólio dessa chancela, e que o conhecimento entendido por científico pressupõe um escalonamento que começa com um curso chamado mestrado. Suponhamos que esse aluno queira pesquisar o analfabetismo em Uganda. Ao que receberá como resposta: "Bacana, mas, para entrar aqui no nosso programa, você terá de pesquisar a recepção de produtos televisivos". Ou seja, o que o aluno deseja é totalmente irrelevante. Estamos autorizados a orientar pesquisas em um orbital de conteúdo muito definido e muito preciso sob pena de perdermos essa autorização.

Para fazer o exame de entrada no mestrado, o aluno recebe uma bibliografia para estudar. Pergunto: quem define essa bibliografia? Provavelmente a mesma pessoa que define as linhas de pesquisa. Depois de passar pela prova, ele será obrigado a participar de congressos acadêmicos, que são divididos em grupos de trabalho. Quem são os coordenadores desses grupos? Provavelmente os mesmos das linhas de pesquisa e da bibliografia. Mais adiante, esse aluno terá que publicar artigos científicos em revistas chanceladas, autorizadas. Quem define as revistas que contam ponto, que importam, que interessam, que têm legitimidade? Quem vai compor o conselho editorial dessas revistas? São os mesmos que definem a bibliografia, as linhas de pesquisa etc. Depois que o aluno obtém o título de mestre, para entrar no doutorado, o processo é o mesmo. E as mesmas pessoas continuarão exercendo esse trabalho seletivo, um trabalho de poder sobre um determinado espaço.

Desse modo, nós poderíamos dizer que o valor de um conhecimento é inseparável do poder que possuem as pessoas interessadas em valorizá-lo. Como Foucault e outros já disseram de maneira muito mais brilhante – mas acho que meu jeito simplório ajuda a entender melhor como a coisa funciona –, não é que o poder é capilarizado, difuso, digamos, intangível; ele é encarnado mesmo. Não há nenhuma dificuldade em perceber quem é que manda em um determinado espaço hierarquizado de poder e que define o valor e a legitimidade dos conhecimentos. Da mesma maneira, hoje, o conteúdo do ensino médio funciona em torno do Enem e dos vestibulares. E o leitor já deve ter entendido, sobretudo nos últimos tempos, que as perguntas do Enem são objetos de luta, objetos de interesse. Portanto, de certa maneira, o que os alunos estudam no ensino médio vai depender desse tipo de poder exercido sobre as questões que são seletivas e que definem quem passa e quem não passa.

Por essas e por outras, respondendo à sua pergunta, Ilan, em relação à escola ser um espaço ultraconservador, eu me atrevo a dizer que a escola é o que é. Ou seja, é a implementação de uma realidade por parte de quem manda em um determinado espaço que é de luta, de poder e de enfrentamento. Faz 30 anos que digo que é preciso permitir que os alunos tenham, na escola, uma tripla formação, ausente nos dias de hoje: de moral, ética e cidadania. Que não se confundem. Mas, nesses 30 anos, no que tange ao currículo escolar, nada mudou a não ser iniciativas isoladas de um diretor de escola aqui ou acolá. Mas nada organizado, institucionalizado. Nada. E por quê? Porque, no meu caso, não sou um agente social com poder para traduzir o meu discurso em alguma coisa que seja operacionalizada de fato nos bancos escolares.

Finalmente, quanto à minha vida pessoal escolar, eu fui muito feliz na escola, Ilan. Muito feliz. Naturalmente, decidi ser professor por conta dessa experiência. Penso que a minha felicidade ali se deveu a um mérito. Raramente vejo méritos em minha trajetória, mas aqui há um: eu não ia à escola para passar de ano; eu ia à escola porque gostava de lá. De tal maneira que, quando um ano acabava, as férias, para mim, eram muito ruins. Quando um ano letivo acabava, eu lamentava profundamente o seu fim. Porque eu não estava ali para passar de ano; me atrevo a dizer que estava ali para ficar no ano, tamanho era o apreço que eu tinha pela vida que vivia na escola. Eu estudava com os jesuítas, e eram sete provas ao longo do ano. Quem tinha média 7, fazia 49 pontos e passava sem exame. Muitas vezes, eu completava esses pontos já na sexta prova. Então, eu estava dispensado, estava aprovado. Mas fazia questão de permanecer frequentando e aprendendo. Se me permitissem, faria recuperação nas férias. Por quê? Porque era, de fato, um amor pela vida ali vivida. Nesse sentido, acabei tendo com a escola uma experiência estritamente afirmativa. E o que eu chamo de experiência afirmativa? Ela não negava nada. Ela se bastava como presencialidade. Eu não estava ali para deixar de estar; estava ali para ali estar e aquilo bastava. Portanto, devia ter continuado aluno eternamente. O que, de certa forma, aconteceu. Porque, hoje, mais da metade do meu trabalho é estudar o que me ensinam os outros professores. Atualmente pela internet. Faço cursos em várias universidades. Eu continuei na escola. E se porventura eu tivesse que deixar de ser aluno, provavelmente a vida perderia a réstia de sentido que ainda conserva.

Ilan – É muito bom, Clóvis, ouvir você dizer que foi feliz na escola. E eu queria fazer alguns comentários a respeito do que você trouxe. Por exemplo, hoje, o ensino da cultura africana já é obrigatório no currículo brasileiro da educação básica.* Portanto, as coisas se transformam, ainda que a lentos passos.

Outra questão muito forte na minha experiência prática é a relação que tenho com escola pública de ensino fundamental. Nesses anos todos, o que percebo e que me angustia um pouco é que, às vezes, nós, professores educadores, falamos sobre autonomia, independência, ética, moral, valores que são muito importantes, mas quando chegamos à escola pública a realidade é anterior a isso.

---

* Em 2003, a Lei Federal n. 10.639 tornou obrigatório o ensino da história e cultura afro-brasileira e africana em instituições de ensino públicas e privadas. (N.E.)

A realidade ali está no ler e escrever. Como alguém pode pensar em independência, autonomia, moral e ética, se não sabe fazer conta matemática? Isso para mim é imoral. O que fazemos com as nossas crianças no Brasil é imoral. Como elas vão pensar em moral se não conseguem fazer contas, porque não conseguimos lhes dar essa ferramenta?

Como comentei no início do capítulo, fui mudando minha visão ao longo dos anos em relação a algumas coisas, e uma delas é que precisamos construir a base da casa. Não adianta falarmos do teto, se não temos uma fundação adequada. E essa fundação está relacionada ao básico do básico. Os resultados dos nossos testes Pisa* são um desastre. O Brasil está sempre um passo atrás. Por quê? Porque, para entender matemática, o estudante precisa entender o enunciado. Matemática não são apenas números; é preciso ler e entender o enunciado. Algumas cidades brasileiras conseguem mostrar que, de fato, esse é o caminho para darmos esse salto. Por exemplo, a cidade de Oeiras, no Piauí, tem uma educação fabulosa. Nunca vi crianças como aquelas. A partir da leitura e da matemática, elas deram um salto. Elas têm contato com arte, cinema, teatro, música... A secretária de Educação já levou profissionais do Rio de

---

* O Programa Internacional de Avaliação de Estudantes (Pisa) é um exame feito a cada três anos pela Organização para Cooperação e Desenvolvimento Econômico (OCDE). (N.E.)

Janeiro para falar de astrofísica para a garotada. É de arrepiar! Mas Oeiras começou com o básico, que a maioria das nossas escolas ainda não tem.

Quando falamos da educação no Brasil, o buraco é muito profundo. Cada município, cada lugarzinho, cada comunidade precisa olhar para sua escola pública e considerar se as crianças estão lendo e escrevendo, se estão fazendo contas de matemática. Porque, às vezes, não se tem isso e já se quer trazer outras questões. E aí acontece a evasão escolar. Durante a pandemia, o desastre foi absoluto. Por quê? Porque a escola pública é o lugar onde a criança vai comer. Onde, às vezes, ela vai sair da violência doméstica, de coisas terríveis. É onde ela pode aprender e realmente ter uma independência. Às vezes eu ficava muito preso em questões mais teóricas, mais ideológicas, digamos assim. Hoje, para mim, a matemática não é algo ideológico: ou o aluno sabe ou não sabe. A escrita e a leitura também precisam ser vistas como uma das ferramentas mais poderosas do mundo.

Existe um livro que, na minha opinião, deveria ser obrigatório nas escolas brasileiras. Ele se chama *Relato da vida de Frederick Douglass: Um escravo americano*,[*] de Frederick Douglass. Ele foi um escravo em várias fazendas nos Estados Unidos no século XIX. Em uma delas, a dona

---

[*] Obra publicada no Brasil em 2021, pela editora Principis. (N.E.)

era uma novata, nunca havia tido escravos. O que ela fez? Começou a ensiná-lo a ler e a escrever, a educá-lo. Ele, um garoto em início de puberdade, amava isso. Mas, depois de alguns meses, o marido a confrontou: "Você está louca? O que está fazendo? Nós podemos morrer. Aqui no sul dos Estados Unidos há uma lei que proíbe ensinar escravos a ler e a escrever". "Mas por quê?", a esposa perguntou. "Porque se ensinarmos Frederick e os outros escravos a ler e a escrever, eles não serão mais escravos. Eles serão livres. Será a revolução." Então, ela parou de ensinar o garoto. Só que, como sabemos, uma vez que a maçã é colhida da árvore, nenhuma supercola é capaz de grudá-la outra vez. Frederick vai relatando como a educação, a leitura e a escrita lhe permitiram se libertar de uma forma que é das mais lindas do mundo – liberdade da mente e a liberdade física, porque ele conseguiu fugir. E começou a falar sobre como a educação é libertadora. Mas ela é libertadora se alguém ensinar as crianças a ler e a escrever, a fazer contas de matemática para, depois disso, entender o que está por trás das coisas. Porque a leitura tem essa capacidade. A palavra "inteligência" vem do latim e significa "ler entre as linhas", ver o que está por trás das coisas. Portanto, para ser inteligente, as pessoas precisam ler.

Na Suécia, no século XVII, 90% da população era alfabetizada. Na Inglaterra, do rei **Henrique VIII**, na época de **Shakespeare**, já havia mais de 1.500 escolas. Uma pessoa, quando condenada à morte, se conseguisse ler a *Bíblia*, era liberada na hora, dado o tamanho da importância que isso tinha. Portanto, há muito a fazer no Brasil, e a classe média tem sua responsabilidade nisso. Ficamos um pouco alienados dessa realidade, mas temos que mostrá-la aos nossos filhos para poder, talvez, modificá-la. Eu fazia isso com as minhas filhas, as levava à escola pública para entenderem como era. Para mostrar que as crianças ali eram como elas, só que com condições materiais muito precárias. Mas aquelas crianças também sonhavam, tinham pesadelos, queriam amor e carinho, queriam crescer e se emancipar, ser algo na vida. Mas as condições, muitas vezes, não permitiam que isso acontecesse. Se as escolas públicas do Brasil não forem como a dos nossos filhos, de que adianta? Nada. É nesse quadro em que estamos mergulhados. Por isso, precisamos primeiro dar conta do básico.

Clóvis – Quando você disse no início, Ilan, que o *homeschooling* é uma catástrofe porque o papel da escola não é apenas transmitir conteúdo, mesmo que as técnicas possibilitem um aperfeiçoamento cada vez maior nesse quesito, eu concordo. O papel da escola é ensinar a interagir, a conviver. Isso pressupõe que os alunos estejam no mesmo lugar. E há um ponto que sempre me pareceu fundamental e pouco citado, que é fomentar o amor pelo espaço de convivência, o amor pela escola. Um amor pela escola que deve se objetivar, se materializar em um caminho pelo espaço escolar, no zelo por esse espaço. Curiosamente, então, a educação poderia ter um papel extraordinário de preservação dos espaços, como condição até de uma vida mais agradável naquele interior. Nesse sentido, penso que falta na educação de base, do básico como você fala, Ilan, a ideia de arrumar a casa em seu sentido mais literal. Em outras palavras: não danifique a escola em hipótese alguma. Porque ela é nossa. E aqui há uma coisa a conseguir que é muito frágil na nossa sociedade, que é o zelo pelo bem comum.

As pessoas, por alguma razão, são extremamente zelosas com aquilo que lhes pertence. Privadamente. Mas elas não são nada zelosas com o que pertence a todos. Portanto, um dos pontos altos da escola pública poderia ser desenvolver esse apreço, esse zelo pelo que é, justamente, público. Como isso poderia ser feito? Por meio de uma tarefa diária de preservação do espaço coletivo, seja limpando a sala de aula, o refeitório, os sanitários. Por um sistema de rodízio, nós começaríamos a entender que a preservação do espaço depende de cada um. Entender, por exemplo, que se encontramos o banheiro limpo é porque participamos dessa limpeza. Porque isso não é óbvio. E eu me atreveria a dizer que esse zelo pelo que é de mais de um indivíduo, pelo que é de mais do que de si mesmo, teria consequências imediatas na vida familiar, na vida comunitária, nas organizações etc. Porque, justamente, seria para nós extremamente óbvio empreender um esforço de preservação daquilo que é de todos: jardins públicos, praças públicas, limpeza das calçadas, das vias públicas, e assim por diante. Isso é uma questão de civilidade que podemos fomentar no básico da educação, como você destacou.

Ilan – Adorei essa ideia, Clóvis! Já quero ir para as escolas fazer isso. Aliás, estamos falando da escola pública, mas eu também queria falar da escola particular. Porque, como em todo lugar, há coisas boas e ruins acontecendo ali. Em reuniões de amigos, quando minhas filhas eram pequenas, falávamos muito sobre educação. E um dos assuntos que sempre apareciam nas conversas entre pais era: "Será que essa escola é boa para o meu filho? Como eu sei se essa escola é boa ou não para o meu filho?". Certo dia, me veio um *insight* socrático: "Façam sempre três perguntas para descobrir se a escola é boa para o seu filho". A primeira pergunta é se a criança está socializando. Ou seja, ela está interagindo com outras crianças? Segunda pergunta: ela está aprendendo? Porque não adianta só socializar, isso pode ser feito no parquinho. Aprender é importante, sim. E terceira pergunta: a criança está feliz? Porque também não adianta socializar e aprender, se ela estiver sofrendo.

Esse tripé – socialização, aprendizagem e felicidade – é um ótimo sinal de que seu filho está bem na escola. Mas os pais da classe média estão mais preocupados com a eficiência da escola. E as palavras "eficiência" e "escola" são antagônicas. A palavra "escola" vem do grego *schola*, que significa "ócio". Ócio não é vagabundagem, não é eficiência; é tempo. Tempo para quê? Para contemplar, conversar, aprender. Tempo para mexer o corpo. O corpo é fundamental. Sócrates, por exemplo, era todo "sarado". Soube de escolas em São Paulo que tiraram o recreio algumas vezes na semana, porque não há tempo para isso. São escolas que vão preparar o aluno para o Enem, para ser o melhor. Mas o recreio de 15 a 20 minutos é o momento mais importante da escola. São minutos em que tudo acontece: o namorico, o futebol, a conversa. A palavra "recreio" também vem do latim "recriar, reanimar, reavivar". É o nosso cafezinho para pôr as coisas no lugar. O que acontece com uma criança que não brinca? Ela fica doente. Temos dados sobre isso. Psiquiatras e psicólogos veem seus consultórios lotados, porque as crianças não estão fazendo o que têm que fazer em cada fase da vida, e isso vai ser cobrado.

Quando eu escrevia para a revista *Crescer*, um casal me pediu uma recomendação de escola para o filho. Expliquei: "Eu amo falar de escolas, porque sei que cada criança tem a sua. Uma mesma escola não serve para todo mundo, porque somos indivíduos todos diferentes. Então, há crianças que se adaptam melhor a escolas abertas, outras que precisam de limites, de escolas um pouco mais rígidas". "Mas eu quero uma escola, Ilan", a mãe respondeu, e o pai ao lado. "Entendi, você quer saber qual escola é boa. Mas boa em quê?" "Quero que ela prepare meu filho para o Enem, para o vestibular." "Quantos anos tem seu filho?" "Ele tem 2 anos." Com 2 anos de idade os responsáveis pela criança deveriam se preocupar com o brincar! Porque, sem imaginação, não há aprendizagem. Pensa que **Einstein** não brincou quando era criança? Ele brincou muito. Está nas histórias dele. A criança precisa ter infância. Precisa de uma escola que saiba a importância do brincar. Que saiba a importância das histórias, da arte, nessa primeira fase da vida. Assim, a criança vai se sentir mais forte, e os pais poderão depois escolher uma escola mais conteudista, se for esse o desejo. Portanto, a procura pela eficiência na escola é algo que, na minha humilde visão, atrapalha muito a educação.

Clóvis – Acho que a busca pela eficiência é incompatível com a felicidade. Porque a felicidade tem valor em si mesma. A eficiência é um conceito utilitário que aponta para ocorrências futuras. Por essas e por outras, não há eficiência que pague a infelicidade da vida vivida. É preciso lembrar que esse futuro para o qual estamos nos preparando não existe. Ele é apenas uma imaginação, uma quimera. E ele existirá desse outro jeito também em função do que nós formos fazer daqui para a frente. Não há que dar por favas contadas que o que está acontecendo hoje acontecerá daqui a 15 anos, quando o menino for prestar o vestibular, porque é muito provável que as coisas tenham mudado e é muito provável, portanto, que os pré-requisitos para continuar detendo 90% da riqueza e fazendo parte da elite da população – no fundo, essa é a grande obsessão – sejam outros.

Se compararmos um jovem que, de maneira obsessiva, vive na imediatidade, presta atenção na aula, lê o livro, desfruta ano a ano, com outro que só pensa no vestibular, quem será que vai se sair melhor no exame? Em outras palavras, a melhor maneira de se preparar para o Enem ou o vestibular é viver bem a vida. A melhor maneira de se preparar para o futuro é viver a vida onde ela está agora. A melhor maneira de se preparar para o futuro que não existe é viver a vida que existe. E a escola tem esse extraordinário papel de trazer o aluno para a realidade escolar como algo que tem valor em si mesmo. Inclusive, penso que

> **A melhor maneira de se preparar para o futuro que não existe é viver a vida que existe. E a escola tem esse extraordinário papel de trazer o aluno para a realidade escolar como algo que tem valor em si mesmo.**

deveríamos banir a expressão "passar de ano". Porque ela me faz pensar em um presente vivido a serviço de um devir como mero passatempo. Uma espécie de antessala. Sabe aquela sala do consultório médico em que ficamos esperando o tempo futuro, que é o que importa? Passar de ano me faz pensar nisso. Digo mais: depois que o jovem se sair bem no Enem e for cursar a faculdade, continuará submetido a essa mesma lógica, que é a do melhor estágio, do melhor programa de *trainee*. Quando ele conseguir o diploma, vai entrar no chamado plano de carreira, e aí continuará lutando para ser CEO.* Quando ele for CEO, vai se dar conta de que está em uma empresa meia-boca e que ainda tem gente por cima dele ditando regras. Quando ele chegar mais longe, vai perceber que ainda tem o presidente dos Estados Unidos, o papa etc. E quando ele perceber que, na verdade, perdeu a oportunidade de viver, a vida já terá acabado. A civilização terá cumprido o seu papel de lhe tirar o prazer em nome da eficiência.

Ilan – Perfeito, Clóvis. Para finalizar, eu queria saber a sua opinião sobre educação e mundo digital. Durante a pandemia, o mundo digital entrou com muita força na educação – embora, mais uma vez, com dificuldades na

---

* Sigla em inglês para *Chief Executive Officer*, cargo de diretor que possui a maior autoridade na hierarquia de uma empresa. (N.E.)

escola pública. E eu percebi em casa e com pessoas ao redor que não funcionou. A educação digital não deu certo, porque as crianças desejam o contato humano. Ao mesmo tempo, bilhões e bilhões de dólares são injetados nesse sistema.

Clóvis – Penso que, em uma situação pandêmica, a educação digital trouxe de maneira provisória soluções para manter uma rotina escolar. E acho que isso não é pouco. Muita gente se esforçou para isso. Naturalmente, como uma situação provisória, vejo que houve mérito. Mas eu temo que o mundo do capital tenha vislumbrado algumas vantagens no sistema digital. Quando isso acontece, o capital costuma triunfar. A título de exemplo, se temos uma rede de universidades com 18 cursos de Direito espalhados pelo país e, antes, havia 18 professores de Direito Civil, agora basta um. E é forçoso observar que isso é atrativo na folha de pagamento. Quando a educação é um negócio, tanto faz se o sujeito é gerente de um açougue ou se é gerente de uma escola, porque, no fim, o que existe é um conselho de administração de investidores. É gente que está vendo o melhor jeito de rentabilizar o dinheiro. Portanto, eu temo que esse sistema possa se consolidar menos por seu mérito pedagógico e mais por sua capacidade de reduzir custos.

Liberdade e igualdade

Ilan – Eu tenho origem judaica e desde a minha infância ouço a história do Êxodo, a saída do povo hebreu do Egito. Todos os anos, os judeus comemoram a Páscoa judaica – em hebraico *Pessach*, que significa passagem. *Pessach* é passagem porque o anjo da morte passou pelas casas dos hebreus na última praga do Egito, a morte dos primogênitos. Onde o anjo passava havia uma marca de sangue. Daí a palavra *pessach*, passagem.

A história da Páscoa judaica é uma história sobre liberdade. Até os 6 anos de idade, morei em Israel, e tenho uma lembrança muito maluca de quando eu entrava no mar. Imagine só, essa história se passa no Mar Vermelho, e eu morava em Israel. Quando eu entrava no mar, tinha a impressão de que iria encontrar os restos dos cavalos do faraó. A história da *Pessach* é tão atual! É por isso que, todo ano, eu me encontro com ela e a história é ressignificada. Uma chancela de qualidade de uma história é o tempo. Se, durante muito tempo, uma história ainda diz algo ao nosso coração e à nossa mente, ela tem muita qualidade. E essa história tem tamanha qualidade que várias pessoas, líderes espirituais e políticos, pessoas comuns a usam para falar de vários assuntos. Por exemplo, podemos usar essa história para falar de negacionismo. Porque sem dúvida nenhuma o faraó era negacionista. Moisés lhe mostrava as pragas, e o soberano dizia: "Não, isso não é real, é mágica". Ele só muda seu posicionamento com a última praga, a morte dos primogênitos.

Essa história fala de um povo escravizado, o povo hebreu. Que não é o povo judeu, que vai se constituir depois das Tábuas do Monte Sinai.* Os hebreus queriam a liberdade e foram libertados por Moisés. Boa parte das pessoas acredita que o povo hebreu se pôs a andar em direção ao mar, esperaram e o mar se abriu para eles. Depois, eu entendi que não é que os hebreus esperaram e o mar se abriu; eles marcharam, caminharam, e porque o fizeram o mar se abriu. A liberdade não se dá esperando; ela não vai se abrir para você. A liberdade se dá na marcha. Outra questão: eles

---

* Onde foram escritos os dez mandamentos de Deus, segundo a *Bíblia*. (N.E.)

passaram 40 anos no deserto, e eu me perguntava o porquê disso, já que o Egito é perto de Israel. Supostamente, em poucas semanas eles estariam na terra prometida. **Golda Meir**, que foi uma lendária primeira-ministra de Israel, certa vez fez uma piada a respeito disso: "Os hebreus passaram 40 anos no deserto, e foram para o único país na região que não tinha petróleo". Com o passar dos anos, fui descobrindo o motivo dessa "enrolação" no deserto. Quarenta anos se passaram porque Moisés não queria que o novo povo se criasse na nova terra com uma mente escravizada. Ele queria que uma nova geração nascesse livre, e que, sem amarras, entrasse na terra prometida, de leite e de mel. A liberdade que Moisés queria para o povo hebreu não era somente a liberdade do corpo, e sim a liberdade da mente. A escravidão é uma prisão real com algemas, mas é também uma prisão mental. Moisés queria libertar o povo dessas duas prisões, a física e a mental.

Clóvis, por que você acha que as pessoas, no geral, confundem liberdade com fazer o que bem entendem? Como dizia **John Locke**, que você aprecia bastante, não há liberdade sem leis.

Clóvis – Bom, vou tentar responder pensando um pouco como todo mundo pensa. Quem sabe aí a gente não encontra as razões pelas quais isso acontece.

Imaginemos que alguém diga que ser livre é, simplesmente, poder fazer o que se deseja. Bom, posso apostar que praticamente todas as pessoas dirão que essa definição é perfeita, que não se opõem a ela. Afinal, se quisermos comer cuca ou pão doce com doce de leite, então, seremos livres para fazê-lo. Como também seremos livres para correr, para mergulhar no mar gelado, para fazer coisas que, por alguma razão, identificamos como aquelas que queremos ou que desejamos. Portanto, essa é uma primeira liberdade: a liberdade de fazer, a liberdade de ação. E essa liberdade de ação se opõe à coerção, que é quando não se pode fazer o que se deseja. Podemos, então, dar a palavra a Hobbes em um primeiro momento, quando ele diz que a liberdade é a ausência de todo e qualquer impedimento que possa se opor ao nosso movimento voluntário. Hobbes dá um exemplo maravilhoso: uma água em um vaso não é livre, porque o vaso a impede de se espalhar. Tanto é que, quando o vaso se quebra, esse impedimento desaparece, e a água se espalha livremente. Nesse sentido, existe uma questão de liberdade física, uma liberdade de ação, de movimento. É preciso lembrar, no entanto, que essa liberdade nunca é absoluta e, tampouco, o é a sua falta. Uma pessoa que está em uma cela de três metros quadrados ainda assim é livre para se levantar, fazer polichinelo, seduzir o guarda e, com isso, obter vantagens. Ela é livre para planejar uma fuga e até tentar empreender essa fuga cavando dia a dia um túnel da cela para fora. Da mesma maneira, em um espaço eventualmente fora de uma prisão, a liberdade nunca será absoluta, porque não podemos tudo, já que existem outras pessoas e, de certa forma, a presença delas limita nossos movimentos, nossas ações.

Seja lá o Estado em que vivermos, sempre haverá restrições. A presença dos outros nos remete à necessidade de normas, de leis que regulamentam a convivência. Elas são imprescindíveis para que haja alguma liberdade. Porque, se as leis limitam a nossa liberdade, elas limitam também a dos outros. Fazendo isso, elas permitem que a nossa exista. Nesse sentido, em um estado de leis, há mais liberdade do que em um estado de natureza, onde não há normas ou leis que limitem a ação dos outros. Porque, havendo superioridade de força, a ação dos outros pode cercear definitivamente a nossa. Esse é o motivo de se dizer que, sem leis, não há liberdade. Porque, justamente, não estamos sozinhos no mundo. Portanto, precisamos de fato de leis que, ao

Seja lá o Estado em que vivermos, sempre haverá restrições. A presença dos outros nos remete à necessidade de normas, de leis que regulamentam a convivência. Elas são imprescindíveis para que haja alguma liberdade.

mesmo tempo que limitam a nossa liberdade, outorgam alguma liberdade cerceando a de quem se oporia à nossa. Naturalmente, um estado democrático, liberal concederá mais liberdade e autonomia a seus cidadãos do que um estado totalitário no qual o cerceamento é maior. Ainda assim, a falta de liberdade absoluta, repito, não existe porque sempre haverá, ainda que dentro de uma jarra, a possibilidade de algum movimento, alguma agitação e de alguma subversão.

Agora, devo ponderar que essa liberdade de movimento e ação, de ir e vir, de agir não é a única. E talvez ela não seja o principal problema. Por quê? Vamos imaginar acordar em uma certa manhã de outubro para votar. Nós nos dirigimos à sessão eleitoral e há, ali, uma urna eletrônica com os candidatos. Digitamos os números correspondentes ao candidato escolhido, partido etc. Podemos pensar, então, que somos livres, certo? Fomos lá e votamos em quem quisemos. Haveria, claro, uma primeira contestação possível, e alguém poderia dizer que nossa liberdade está cerceada pela oferta eleitoral disponível. Ou seja, temos que votar entre aqueles que se candidataram. No caso do segundo turno, entre os dois mais votados no primeiro turno. Isso é um cerceamento significativo de nossa liberdade. Mas, ainda assim, dentro do cenário de possibilidades da oferta eleitoral, fomos livres para escolher o candidato. Ora, se agimos de acordo com a nossa vontade, cabe sempre nos perguntarmos se fomos livres para querer aquilo que queríamos. Em outras palavras, ao chegarmos ali, manifestando a nossa vontade, não teremos sido escravos da nossa vontade, do nosso querer, da nossa inclinação, dos nossos afetos? Se somos livres para fazer o que queremos, poderíamos pensar em ser livres para querer o que queremos? Ser livres para escolher o que queremos fazer? Isso é aborrecedor, porque, no fim, remontamos a nós mesmos. E percebemos que a origem de tudo na nossa consciência está na vontade, e não escolhemos querer. Inclusive, não escolhemos ser quem somos. Sendo quem somos e querendo o que queremos, então, agimos de acordo com o nosso querer. Se alguém quiser chamar de liberdade essa escolha determinada pela vontade que não escolhemos, se quiser chamar de liberdade essa escolha determinada pelo ser que somos e que se impõe a nós, tudo bem. Mas, a partir do momento em que não escolhemos querer o que queremos, evidentemente, isso pode macular a ideia de liberdade, porque, quando acreditamos manifestar a nossa liberdade, o que fazemos é chancelar uma inclinação que nos é imposta de uma maneira óbvia e, portanto, não há liberdade alguma.

Podemos chamar essa discussão sobre poder escolher o que se quer, ou poder escolher o que se é, de liberdade metafísica. Uma liberdade que precederia o querer. **Arthur Schopenhauer** tem um ensaio chamado *Sobre o livre-*

arbítrio,* em que propõe essa reflexão de maneira mais aguda e provocativa quando diz mais ou menos o seguinte: se liberdade é fazer o que queremos, então, ela é um atributo do fazer alinhado ao querer. Portanto, a liberdade surgiria a partir do querer. Porque, para poder ser livre e fazer o que se quer, é preciso querer antes. Ora, se precisamos querer antes para fazer o que queremos, então, não somos livres para querer o que queremos. Se não somos livres para querer o que queremos, somos escravos da nossa vontade. Aí, não há liberdade nenhuma. Em que medida poderemos ser livres, então? A única resposta restante é a mais esdrúxula possível: seremos livres quando pudermos fazer o que não queremos. Porque, então, quando a vontade mandar, diremos "não". Aí, não seremos escravos da nossa vontade. Em outras palavras, o indivíduo ama um candidato político, odeia outro – o que, por sinal, está muito na moda –, e o que ele faz? Vota no que odeia. Porque aí, sim, ele pode sair batendo no peito dizendo: "Sou livre, porque não há vontade nenhuma que determina a minha ação". Resta saber que vantagem Maria leva em uma liberdade assim.

Ilan – Genial, Clóvis. Sei que você também gosta de Baruch Espinosa, judeu, filho de portugueses. O polidor de lentes que morou na Holanda e foi excomungado pela

---

* Publicado no Brasil pela L&PM. (N.E.)

comunidade judaica de Amsterdã. Ele tem uma frase que sintetiza isso que você falou: "Os homens consideram-se livres porque têm consciência de suas volições [poder de escolha] e desejos. Mas ignoram as causas pelas quais são levados a querer e a desejar". Bingo! Isso deveria estar escrito em letras garrafais antes de entrarmos nas redes sociais, por exemplo. Porque o mundo digital nos dá uma sensação de liberdade, de escolha, de protagonismo que é completamente falsa e ilusória. Somos fantoches, manipulados. Nossos desejos são manipulados de tal forma que nos dá a impressão de que estamos fazendo escolhas. Mas agora eu vou trazer uma outra questão, que me inquieta há muitos anos: a relação entre liberdade e igualdade.

O mundo digital nos dá uma sensação de liberdade, de escolha, de protagonismo que é completamente falsa e ilusória. Somos fantoches, manipulados.

Gosto muito de um livro do filósofo e historiador **Isaiah Berlin**, chamado *Uma mensagem para o século XXI*.* Vale muito a pena a leitura. O autor coloca que a liberdade e a igualdade são os valores mais perseguidos pela humanidade. E como poderíamos equilibrá-los? Liberdade total não seria perigosa? Dar liberdade total aos lobos não

---

* Publicado no Brasil pela editora Âyiné. (N.E.)

significaria a morte dos cordeiros? Ao mesmo tempo, ele contrapõe: se houver igualdade para todo mundo, não aniquilaríamos a individualidade? Não mataríamos o artista? Aquele que se contrapõe? Discute-se muito se sociedades igualitárias têm mais educação, por exemplo. Mas, quando começamos a caracterizar essa sociedade, normalmente elas são igualitárias por autoritarismo. Tem-se educação, mas não se tem liberdade de escolher o que ler. Ao passo que há sociedades nas quais as pessoas podem escolher qualquer livro, mas apenas uma pequena parcela da população é capaz de ler. Berlin não vê muita solução. Como você enxerga isso?

Clóvis – Isaiah Berlin é um grandessíssimo pensador. E ele aponta o dedo para uma questão importantíssima. E, se ele não apresenta uma solução, fazer isso seria pedir o gol que **Pelé** não conseguiu a um jogador da terceira divisão. Mas, ainda assim, é possível tentar.

Pensemos, primeiramente, em uma situação em que todas as crianças de uma certa idade tenham oportunidades rigorosamente iguais de estudo. Isso significa que todas as escolas estão no mesmo nível, os professores possuem competência idêntica, os livros e as condições materiais de estudo são os mesmos. E imaginemos também que, nessa situação ideal, essas crianças também tenham uma formação familiar idêntica. O que tende a acontecer? Como não somos iguais – evidentemente, alguns têm mais talento, lucidez, competência e aptidão, capacidade de cálculo do que outros –, rapidamente começam a aparecer diferenças de desempenho que acabam conduzindo a diferenças de condição de vida. Ou seja, finalizado o primeiro ano, quando todos começarem o segundo ano, já não estarão todos no mesmo ponto. Há também uma variável que é a motivação, o empenho, a dedicação. Isso acaba gerando distâncias importantes. E essas distâncias vão se traduzir, possivelmente, em desempenhos profissionais importantes e relevantemente diferentes de tal maneira que parte dessas pessoas adultas acabará conseguindo ou amealhando um patrimônio substantivamente maior do que outras.

Falemos agora sobre os filhos dessa primeira geração. O que observamos? Que, nesse revezamento, eles recebem o bastão na frente. Porque os pais já compraram mais livros, estudaram mais, falam melhor o idioma dentro de casa, as escolas já não são mais idênticas porque aqueles que podem pagar mais acabam procurando estabelecimentos nos quais os professores são mais bem remunerados, onde as bibliotecas e o acesso à internet são melhores. Quer dizer, quando chegarmos à terceira geração, as distâncias já serão a perder de vista.

Quase sempre, quando falamos em mérito, nós afirmamos que as distâncias de um para outro são mérito exclusivo do que está vivendo ali. E quase sempre anuviamos a origem dessas distâncias, que remonta a uma história que começou antes da vida daquele que está sendo avaliado ali. Imagine, então, dez gerações adiante. O que acontece? Como costuma acontecer, dinheiro atrai dinheiro, formação, melhores condições, investimento financeiro. O próprio dinheiro remunera o dinheiro. Da mesma maneira, miséria atrai miséria, e as distâncias vão aumentando. Se deixarmos tudo correr solto, ao cabo de duzentos anos, teremos uma sociedade com uma concentração de renda impressionantemente cruel e, por que não, injusta. Porque quem nascer agora em situação miserável, sem condição de escolaridade, sem residência, sem trabalho na família, sem nada, já nascerá a uma distância incompensável do primeiro colocado.

Poderíamos imaginar uma situação tal – e essa é a minha proposta – na qual, digamos, as forças regulatórias da sociedade, necessariamente entregues ao Estado, por exemplo, pudessem de tanto em tanto lutar pela redução das desigualdades que vão se acentuando. Tentando preservar certa igualdade de oportunidades ainda que os desempenhos tenham sido sobremaneira distintos na história de cada um. Por exemplo, o sujeito nasceu mal. Mas, ainda assim, frequentaria uma escola gratuita, receberia uniforme, três refeições diárias. A escola seria tão boa quanto a de quem está lá na frente. Ele teria acesso a livros gratuitos.

Portanto, ele não pagaria o preço dessa defasagem e teria a chance de ir atrás de uma condição e de uma posição mais privilegiada, mais adequada dentro da sociedade. Veja bem, quando se propõe isso, não se rebaixa o mérito de ninguém. Porque quem está lá na frente está lá na frente. Não se tira o entusiasmo pela criação, pela iniciativa, pelo aguerrimento por querer ir mais longe. Não se impede alguém que já nasceu bem de se desenvolver enormemente do ponto de vista intelectual, econômico etc. Mas, ao mesmo tempo, tal proposta não condena quem nasceu lá atrás, quando a corrida já estava praticamente perdida. Não condena essa pessoa à impossibilidade de virar o jogo. Porque os instrumentos para a recuperação estariam nas mãos dela. Portanto, havendo talento, dedicação, esmero, ela poderia, eventualmente, começar a resgatar um pouco dessa distância que foi aberta na história daqueles que a geraram. Dessa maneira, não se patrocina uma igualdade castradora, mas sim uma igualdade de oportunidades, que não macula a diversidade do mérito, do desempenho e, por que não dizer, até da dedicação, da iniciativa, da coragem, que, sabemos, merece recompensa.

 É claro, do ponto de vista da escolaridade, tudo isso implica uma educação pública tão boa quanto a melhor educação privada. Implica condições de estudo tão boas quanto as condições do outro. Agora, como arrumamos o dinheiro para fazer uma escola pública tão boa quanto a privada? Bilíngue, com *tablet* para todo mundo, com professores especialistas, mestres e doutores? Por meio da tributação. É preciso, dentro de uma perspectiva de políticas públicas, dar prioridade absoluta à promoção dessa igualdade de oportunidades. E isso implica uma autêntica revolução. Como encontrar professores para a rede pública tão motivados quanto os da rede privada? Pagando o mesmo ou mais. Como fazer isso? Pela tributação. E então, quando houver condições de se pagar um salário justo ao professor, com direito a cursos de extensão, a desenvolvimento progressivo, abre-se concurso. Será possível ver a fila de candidatos dobrando a esquina. Obviamente, isso chega aos alunos, que vão desejar seguir a profissão. Na Coreia do Sul, a realidade é essa. É claro, é um país menor, mais rico, tem mais dinheiro e menos gente. Mas onde está a dificuldade em direcionar imposto para a escola? Está no fato de que pouca gente quer isso. As elites, que bem conhecemos, não querem isso. Está muito bem assim. Portanto, esse é um primeiro problema. E o mais lamentável é que quem não integra as elites também não vê nisso uma questão.

Se a escola pública for tão boa quanto a particular, o aluno terá que estudar de manhã e à tarde, portanto, ele não vai conseguir trabalhar. Porque, à noite, terá que fazer atividades da escola, preparar seminário tal como alunos de colégios renomados, e assim por diante. Ora, como sabemos, a sociedade mudou. De repente, é preciso embutir não só a escola nessa história, mas também uma remuneração para as famílias deixarem os filhos apenas estudarem. Não vejo possibilidade de isso acontecer porque não há muitos profissionais da política dispostos a bancar algo desse tipo, não é compensador do ponto de vista eleitoral. Essa conversa não caberia em 30 segundos de campanha. Fora que alguém teria que pagar essa conta. E quem poderia pagar a conta em uma sociedade injusta e desigual como a nossa não quer fazer isso porque não tem interesse nenhum de viver em uma sociedade justa.

Ilan – Concordo totalmente com você, Clóvis. Circulo pelo Brasil na área educativa em escolas públicas há 20 anos, no Nordeste, no Norte, no Centro-Oeste, em tudo o que é canto, e o cenário é esse mesmo. Mas gostaria de pontuar que a relação do PIB com a porcentagem que se gasta em educação no Brasil é de primeiro mundo. Quer dizer, dinheiro tem. O Fundeb,* uma conquista nossa, derrama bilhões pelo país. Mas a questão é exatamente o que os políticos fazem com o dinheiro. Nós sabemos essa resposta. O dinheiro chega penhorado para a educação. Há

---

* Fundo de Manutenção e Desenvolvimento da Educação Básica e de Valorização dos Profissionais da Educação. (N.E.)

muitos anos, estive em escolas de chão batido, sem banheiro, no Nordeste. Era uma cidade pequena, com verba de 50 milhões. Deveria ser a Suíça! Mas o que acontece? Investir em escola demora anos para ter retorno. Não garante voto. Portanto, acho que o dinheiro existe, sim. Precisava de mais, é claro, mas ele existe.

O que tenho percebido nesses anos todos é que a transformação se dá no município. Ela se dá na rua, na escola da esquina. Há cidades espalhadas pelo país fazendo um trabalho lindo nas escolas públicas. São professores, pais e políticos cientes da importância que a escola tem, que vão quebrando o ciclo de pobreza, dando liberdade para o aluno escolher a profissão. Liberdade para o jovem escolher sair da sua cidade e conquistar o mundo. Só que a multiplicação desses exemplos é barrada exatamente por tudo o que falamos. Há um lado avançando, mas outro bem retrógrado.

Você comentou da Coreia do Sul, Clóvis. Diferentemente do que acontece nos Estados Unidos e na Europa, a educação sul-coreana não está muito vinculada aos *gadgets*, ao *tablet*, ao computador. A educação deles está voltada para o professor. Entre comprar *tablet* ou aumentar o salário dos professores, eles ficam com a segunda opção.

Trabalhei com **Gilberto Dimenstein** em alguns projetos no fim dos anos 1990 e começo dos anos 2000. Fiz um trabalho no Hospital das Clínicas de São Paulo e encontrei uma escola pública ali perto. Fiquei em completo desespero! São Paulo é a capital da América Latina, a cidade mais rica do país, e existia ali, no centro, uma escola pública em péssimas condições físicas. Não havia cortinas, o sol batia direto no rosto de crianças pequenas. Comentei sobre essa situação com o Gilberto e, um mês depois, voltei até a escola e ela estava com cortinas, pintada, reformada. Perguntei: "Quem fez isso?" "O Gilberto Dimenstein." Ele me disse: "Eu acionei a comunidade, Ilan". Ele publicou um artigo na *Folha de S.Paulo* chamando a atenção dos médicos da região. Ele conseguiu doações, pessoas voluntárias para transformar o lugar. Coloriu aquela escola. Foi incrível. Ou seja, isso não é algo utópico.

Mas agora eu queria voltar, Clóvis, para a questão da liberdade. Para um outro autor que leio há anos, John Stuart Mill. Há épocas em que me aproximo dele e outras nem tanto. Ele tem um livro chamado *A liberdade: Utilitarismo*,* que traz algumas questões que sempre me deixam bem pensativo. Às vezes acho o conceito de utilitarismo interessante e às vezes penso que não pode dar muito certo. Esse autor diz o seguinte: "Nenhuma sociedade é livre se não se respeitam, em conjunto, essas liberdades, seja qual for sua forma de governo; e nenhuma sociedade

---

* Obra publicada no Brasil pela editora Martins Fontes. (N.E.)

é completamente livre se tais liberdades não existirem em caráter absoluto e sem reservas. A única liberdade merecedora desse nome é a de buscar nosso próprio bem de maneira que nos seja conveniente. Contanto que não tentemos privar outros do que lhes convém ou impedir seus esforços de obtê-lo. Cada um, guardião adequado de sua própria saúde física, mental ou espiritual. A humanidade ganha mais tolerando que cada um conviva conforme lhe parece bom do que compelindo cada um a viver conforme pareça bom ao restante". Portanto, ele fala da liberdade total no âmbito individual. Nessa concepção, sobre o nosso corpo e a nossa mente, somos soberanos. Mas isso tem um limite a partir do momento em que prejudicamos o outro. Ou seja, podemos fazer o que quisermos com o nosso corpo. Se quisermos beber, por exemplo, isso é permitido. Mas beber e dirigir, não, porque podemos matar alguém.

Clóvis – Bom, o utilitarismo é um conjunto de ideias ou uma escola de pensamento que tem uma concepção de ética muito forte, muito conhecida e hegemônica no mundo anglo-saxônico. Trata-se de uma perspectiva de entendimento do valor da conduta humana por conta dos seus efeitos, das suas consequências. Portanto, o utilitarismo, como seu nome sugere, valoriza muito a utilidade, aquilo que acontece depois do que o indivíduo faz. Em contraponto a Kant, o valor não estaria nas razões pelas quais fazemos o que fazemos, mas no resultado, naquilo que acontece depois. Só que existe nisso um problema óbvio: qual é o bom resultado? Se dissermos que o valor da ação não está na ação, resolvemos um problema. Pois, então, a pergunta é: o que deve acontecer de bom depois? Para a perspectiva utilitarista, a felicidade do maior número de pessoas – *happiness*. Naturalmente, essa felicidade, tanto para Mill quanto para **Jeremy Bentham**, seu antecessor, está muito vinculada ao prazer. Eles se preocupam em dar consistência a essa felicidade. Se a nossa ação permitiu o prazer do maior número, parabéns para nós. Se não, pisamos na bola, digamos assim. Mas há um problema nessa história: assim como aprendemos, todo tipo de ocorrência material no universo desencadeia uma sequência que não tem mais fim.

Como já dissemos, o que estamos discutindo aqui vai ser lido por muitas pessoas, que, por sua vez, vão conversar com outras. Este livro vai integrar o repertório de muita gente, as pessoas passarão a pensar um pouco em função do que discutimos. Ainda que pouco, produzirá efeitos, e assim sucessivamente, sem fim. Se quisermos atribuir um valor à nossa discussão, arbitrariamente, teremos que definir um limite. Por exemplo, vale só aqueles que leram imediatamente o que publicamos. Do contrário, teremos que aguardar, porque nada impede que a felicidade produzida agora acabe ensejando catástrofes depois de amanhã, quando alguém ler uma reconstrução do que discutimos e, de uma maneira depressiva e dilacerada, desistir de viver. Pronto, a nossa conversa, de certa maneira, terá participado disso, assim como de infinitas outras ocorrências do mundo. Há aqui um problema significativo a considerarmos. E mais: as coisas que acontecem depois não são causadas só por uma causa. Portanto, essa relação de causa e efeito acaba problematizando a proposta utilitarista.

Ainda assim, feitas todas essas ressalvas, a definição de liberdade de Stuart Mill é muito interessante. Porque, afinal, o que ele diz é o seguinte: enquanto a situação ficar circunscrita à sua individualidade, é problema seu; quando a situação não estiver mais circunscrita à sua individualidade, aí você tem que levar em conta a existência do outro. Existe uma sabedoria óbvia nisso, que é saber identificar aquilo que é apenas problema seu e aquilo que, eventualmente, pode respingar na vida de alguém. Se pararmos para pensar, essa fronteira não é simples de perceber. Imaginemos, por exemplo, um intelectual que, leitor de John Stuart Mill, seja um fumante de charuto. Essa pessoa dirá o seguinte: "Eu entendo que fumar charuto na frente dos outros incomoda, e está tudo bem. Agora, dentro da minha casa, fumar o meu charuto é problema meu". Só que ela está argumentando dessa forma e sendo observada por três mil pessoas, que poderão se convencer da pertinência dessa argumentação. E, é claro, como esse sujeito é uma referência intelectual importantíssima, ele poderá servir como uma espécie de estimulador para o tabagismo. Mas ele não queria nada disso. No consequencialismo é assim que funciona. Podemos não querer produzir determinado efeito. Mas o consequencialismo não é um intencionalismo. Assim como no livro *O pequeno príncipe*,* somos eternamente responsáveis por aquilo que cativamos. O príncipe diz: "Eu não queria cativar ninguém". Pois é, mas, na lógica consequencialista, o fato é que ele cativou, e portanto é responsável por esse efeito ao qual deu causa. A fronteira entre o que é estritamente da nossa conta e o que respinga nos outros é mais complicada do que parece, porque mesmo condutas e atividades aparentemente da esfera individual acabam por produzir efeitos sobre o outro. E digo mais: quando alguém consome tabaco interfere na produtividade e na lucratividade da indústria tabagista. O que já é

A fronteira entre o que é estritamente da nossa conta e o que respinga nos outros é mais complicada do que parece, porque mesmo condutas e atividades aparentemente da esfera individual acabam por produzir efeitos sobre o outro.

---

* Obra publicada no Brasil pela HarperCollins. (N.E.)

um efeito que respinga na vida, no mundo, e assim por diante. Portanto, essa fronteira do que é problema individual e do que afeta os outros é menos ingênua do que pode parecer para um leitor mais desavisado.

Ilan – Perfeito, Clóvis. Isso me lembrou de uma breve história judaica, na qual um aluno diz ao rabino: "Eu tenho a solução para a minha vida". "E qual é a solução, querido aluno?" "É viver muito!" Ao que o rabino responde: "Essa não é uma solução". O aluno volta para casa e, no dia seguinte, afirma novamente: "Rabino, encontrei a solução para a minha vida". "Qual é?" "Acabar com ela", diz o aluno exasperado! O rabino observa: "Essa também não é uma solução". Então, no terceiro dia, o aluno retorna: "Rabino, me diga qual é a solução". "E quem disse que existe uma solução para a vida?", finaliza o rabino.

Em 2006, lancei um livro, que é meu fracasso de estimação, chamado *Hermes, o motoboy*.[*] Trata-se de uma jornada do herói com uma cara bem paulistana. Eu amei escrever esse livro, Gilberto Dimenstein fez o prefácio, mas foi um fracasso absoluto. Há algum tempo, li no jornal *Valor Econômico* a história de um presidiário em Minas Gerais.[**]

---

[*] Originalmente publicado pela Companhia das Letras. (N.E.)
[**] Ver: https://valor.globo.com/eu-e/noticia/2021/06/11/a-terapia-dos-livros-que-salvam-vidas.ghtml (N.E.)

Essa matéria relatava que ele havia encontrado um livro que mudou a vida dele. Porque ele estava prestes a sair da prisão, não sabia o que fazer. Então, caiu na mão dele um livro chamado *Hermes, o motoboy*, de um tal de Ilan Brenman. Ele leu o livro, e a vida dele mudou. Clóvis, era o meu fracasso de estimação, não vendeu nada! Achei que isso não ia interferir na vida de ninguém. Mas talvez esse livro tenha nascido justamente para esse leitor. O que eu considero um fracasso comercial virou um êxito individual para alguém.

Eu queria lhe fazer mais uma pergunta, Clóvis. Falávamos, no início do capítulo, de Espinoza, das vontades, e tenho a impressão de que, com a eclosão do mundo digital, a privacidade, a individualidade, a singularidade se foram. Parece que a liberdade também está indo para o ralo! Tudo é público, compartilhado, não há mais segredos. Existe um termo para isso: *exposed*. As pessoas expõem coisas o tempo todo ali, e têm a sensação de controle. **Byung-Chul Han**, filósofo sul-coreano, faz uma crítica muito forte ao mundo digital. Ele fala sobre como nós entregamos a liberdade de bandeja para as *big techs*, para os aplicativos, e como isso empobrece a nossa vida.

Clóvis – Os cínicos em Atenas tinham uma intuição, de que só poderia haver liberdade se o indivíduo não se deixasse abalar pelo que os outros pensam dele. Eles submetiam as crianças ao ridículo público como forma de prepará-las para isso. Por exemplo, amarrar um peixe morto em um cordão e fazer com que a criança puxasse o peixe pela via pública como se fosse um animal vivo. Ou até coisas mais fortes, como vestir-se de maneira indigna etc. De qualquer maneira, expunha-se o indivíduo ao ridículo. Esse indivíduo era mesmo ridicularizado, esculhambado em praça pública. E qual era o intuito disso? Era um treinamento para criar uma carapaça, para que o sujeito pudesse agir de acordo com o que achasse certo, com a sua vontade, e ficar preparado para enfrentar o cancelamento, o achincalhe público, a devastação pública. Eu diria que o problema permanece o mesmo só que com outro tipo de intensidade, com outras ferramentas.

Se o indivíduo estiver preparado para viver de acordo com o que acha certo e justo, com entendimento sobre si, sobre seus valores, sobre o que conta para sua vida, tendo aplausos ou não, seguidores ou não – ou até mesmo sendo vítima de escárnio digital coletivo –, ele poderá enfrentar muito melhor aquilo que é coercitivo, amedrontador por parte do olhar externo. Porque há um movimento de alinhamento da vida em busca do reconhecimento, de um certo tipo de aplauso. E esse tipo de aplauso é muito quantitativo. Não há nenhuma preocupação com sua qualidade. Quando digo isso, me refiro à qualificação de quem aplaude em termos de alinhamento efetivo.

Mas o que se quer é o aplauso manifesto e quantificado, e tudo é feito para maximizar isso. Ora, se o objetivo da vida é esse, então haverá uma escravidão, porque o aplauso manifesto e quantificado depende de variáveis que não controlamos completamente, e tenderemos a viver devastados, achincalhados, com a sensação de não dominar nunca o que é preciso para ser feliz. Se, em contrapartida, o indivíduo não vincular sua felicidade a esse aplauso manifesto e quantificado, ele seguirá tocando o barco e fazendo as coisas de acordo com o que considera acertado, justo e pertinente. Horas ele será mais aplaudido, horas será menos aplaudido.

É preciso algum treinamento para colocar tudo em seu devido lugar. Esse aplauso não pode ser decisivo, escravizante. Quando muito, pode nortear algum tipo de entendimento quanto à concordância ou à discordância do mundo em relação ao que se pensa. Mas jamais poderá ser decisivo na definição das manifestações individuais. Por isso, evidentemente, continuaremos a nos vestir como queremos, a ler e a dizer o que queremos. Por exemplo, nós talvez pudéssemos alcançar um número muito maior de interessados nesta nossa conversa se, porventura, estivéssemos discutindo outras coisas, ou estivéssemos, eventualmente, fazendo dancinhas curiosas de 30 segundos. Nós dois juntos treinaríamos durante um tempo e faríamos movimentos idênticos. Assim, talvez, conseguíssemos cinco, dez vezes mais interessados na nossa mensagem. Mas, é claro, isso exigiria submeter-se em definitivo a uma tirania que nós denunciamos mais do que outra coisa.

Ilan – Muito bom, Clóvis. Eu me sinto muito livre e liberto quando saio das redes sociais e vou ler, passear com a minha cachorra, caminhar. São momentos de plena liberdade para mim. Trabalhamos com o mundo digital e, portanto, não há muito o que fazer, mas eu entro nesse mundo e me sinto escravizado. Felizmente, ainda consigo me libertar.

Clóvis – É uma escravidão parcial e uma liberdade parcial. Talvez não tenha como ser diferente. É claro que se você, porventura, não precisasse mais da internet para trabalhar, provavelmente perceberia que a liberdade continua não sendo absoluta, porque haverá outras coisas no mundo que cercearão a possibilidade de fazer o que realmente se quer.

A importância da amizade

Ilan – Clóvis, eu queria finalizar nosso livro falando de um tema do qual gosto muito, a amizade. E, como nos demais capítulos, começo este com duas histórias, uma budista e uma judaica.

A primeira história é sobre um búfalo e um iaque. O búfalo vive nas terras baixas do Tibete e o iaque, nas alturas. Por um acaso da vida, o búfalo e o iaque se encontraram em um certo lugar. E, caro leitor, deu *match*, foi aquele encontro de almas. Eles começaram a falar sem parar, pareciam se conhecer há séculos. Passaram a frequentar o mesmo local. Certo dia, o iaque fez um convite ao búfalo: "Venha até a minha casa. Fica lá nas alturas". Ao que o búfalo respondeu: "Tudo bem, eu vou". No dia seguinte, o búfalo se pôs a caminhar, a subir a montanha. Quando chegou ao topo, disse: "Iaque, eu não posso ficar aqui na sua casa". O iaque se espantou: "Por quê?". "Porque me falta ar aqui em cima. E eu estou morrendo de frio." E o búfalo foi embora, mas não sem antes gritar: "Venha você para a minha casa". O iaque concordou. No dia seguinte, ele desceu a montanha. Quando chegou à casa do búfalo, explicou: "Não posso ficar. Aqui o ar é pesado, é muito quente. Preciso ir embora". E partiu. Os dois não conseguiram mais se encontrar. Desesperado, o búfalo foi conversar com um monge que falava com animais. Ele contou toda a história e o monge disse: "Eu tenho uma ideia. Avise seu amigo iaque que ele deve descer a montanha até o limite em que conseguir suportar o calor. E você vai subir até o limite em que suportar o ar frio. Nesse lugar, vocês conversarão". O iaque adorou a ideia, e, no dia seguinte, os dois se encontraram. Naquele ponto em que cada um suportava sua limitação, eles conversaram por horas a fio. No dia seguinte, novamente. O monge, então, contou a história a seus alunos e disse: "Isso é para vocês aprenderem o que é o ponto de equilíbrio e a amizade. É o lugar onde o outro consegue suportar seu próprio limite".

A segunda é uma história judaica muito antiga de um jovem chamado Jessé. Ele tinha pai e vários irmãos. Uma família bem humilde. Os irmãos mais velhos cresceram e foram tomar conta da própria vida, partiram. Jessé ficou com o pai, trabalhando, convivendo com ele e sorvendo de suas experiências. Porém, o pai foi envelhecendo. Jessé percebeu que a morte do pai se aproximava. Uma noite, enquanto conversavam, ele falou: "Pai, você sabe que a velhice se aproxima e, com ela, a morte". O pai respondeu: "Eu sei, meu filho. Aliás, eu queria dizer que, quando eu morrer, a minha herança para você será uma só". "Qual?", perguntou o filho emocionado. "O meu único e verdadeiro amigo." O pai falou o nome do amigo, que o filho conhecia. Não querendo dizer nada para o pai, Jessé se pôs a pensar: "Que besteira. A herança do meu pai é um único e verdadeiro amigo. Eu tenho milhares deles! Aqui no vilarejo, no vilarejo vizinho. Que besteira. Um único e verdadeiro amigo a vida toda?". O pai, então, faleceu. Jessé seguiu a vida. Ele se apaixonou por uma jovem do vilarejo, a mais linda da região, e se casou com ela.

    Certo dia, o príncipe do país ficou sabendo da beleza da mulher de Jessé. Tomado de um desejo vil, cruel, perverso, pegou seu cavalo, foi até a casa de Jessé e partiu para cima da mulher. Jessé não pensou duas vezes, pegou uma faca da cozinha e matou o príncipe. Assim que viram aquele corpo ensanguentado, Jessé e a esposa ficaram preocupados: "Nossa vida acabou. Matamos o príncipe, seremos condenados à morte. Vamos fugir". Jessé começou a procurar os milhares de amigos que tinha. Quando ele contava o que havia acontecido, os amigos diziam: "Você está maluco?

Vá embora daqui". Tomado pelo desespero, anoitecendo, com frio, ele se lembrou do único e verdadeiro amigo de seu pai. Foi até ele e bateu à porta. O homem perguntou: "Jessé, o que aconteceu com você e a sua esposa? Entrem, está frio. Tomem uma sopa...". "Não podemos entrar antes de contarmos o que aconteceu." "Não, vocês não precisam me falar nada. Entrem!" Eles entraram, sentaram-se à mesa. O homem preparou uma sopa, acendeu a lareira e, então, pediu: "Agora, vocês podem falar". E eles contaram que haviam matado o príncipe. Ao que o homem respondeu: "Bem, nós vamos encontrar uma solução. Agora, se aqueçam e comam". Jessé, então, se pôs a chorar e disse: "Bendito seja o meu pai. Bendito seja o melhor amigo do meu pai. Bendito seja o único e verdadeiro amigo".

Depois de reler essas histórias, encontrei em meus dicionários de citações, por acaso ou não, um pensamento de um poeta chamado **Quinto Ênio**, do século II a.C.: "O amigo certo se reconhece nas coisas incertas". Então, eu gostaria de lhe perguntar, Clóvis: é possível procurar construir ou desenvolver grandes e verdadeiras amizades, ou tudo é puro acaso, um presente do universo? O que você pensa sobre isso?

Clóvis – Acho que em relações como essas que você apresentou por meio das histórias, Ilan, tem um pouco de tudo. É claro que encontramos as pessoas no mundo, muitas delas em função de trajetórias que se cruzam e que, para nós, são entendidas como casuais, porque temos sempre a nossa perspectiva, o nosso olhar. Talvez se alguém estivesse nos observando de cima, conseguiria antever, prever e até antecipar nossos encontros. Mas o fato é que nós, que olhamos o mundo a partir de nós mesmos, encontramos as pessoas por obra de variáveis que não controlamos e, portanto, esses encontros não são resultado de nossa vontade. Esse é um primeiro ponto. A amizade começa, evidentemente, no encontro. Mas vai muito além dele. Tanto é assim que a imensa maioria dos encontros entre pessoas acaba não gerando amizade alguma.

Existe, então, um ou outro traço, uma ou outra predisposição que possa facilitar a construção de uma relação com essas características. Afinal, a amizade é uma forma de relação. Uma forma de liame entre duas ou mais pessoas. Naturalmente, haverá maior ou menor chance de isso acontecer em função de certas disposições existenciais de parte a parte. Nesse sentido, muitas vezes, aquilo que, para nós, parece ser casual, pode ser resultado de pertencimento a certos orbitais de convívios, de pessoas que foram socializadas de forma semelhante e, portanto, acabam compartilhando certos valores, certas representações de mundo, certas maneiras de entender a realidade que podem facilitar muito as relações de amizade. Mas isso, é claro, não exclui a possibilidade de amizades muito sólidas e muito verdadeiras entre pessoas vindas de universos muito distintos e de concepções de mundo muito diferentes. Porque isso não é, de forma nenhuma, um impeditivo.

Ilan – Eu sei que, como eu, você gosta de uma das amizades mais bonitas que já existiram, entre Michel de Montaigne e **Étienne de la Boétie**. Eu gostaria que você falasse um pouco sobre essa amizade. Porque a impressão que eu tenho é de que Montaigne teve apenas esse único e verdadeiro amigo, e na figura de alguém bem mais jovem. Como era essa amizade? Como essas figuras se encontraram? Eu encontrei a palavra "amizade" em um dicionário de etimologia, e uma das definições tem como raiz a palavra "amor".

Clóvis – Você sabe que Foucault tem reflexões interessantes sobre a amizade. E algo que ele diz é que o que se entendia por amizade na Grécia Antiga é diferente do que se entendia por amizade na Idade Média, e é diferente do que se entendia por amizade no começo da Modernidade e, provavelmente, é diferente do que se entende por amizade hoje. De tal maneira que estamos usando a mesma palavra para tipos de relações intersubjetivas diferentes. Montaigne estabelece algum tipo de ruptura entre o que descreve como amizade – a ênfase que ele dá a certos aspectos de sua relação com La Boétie – e o que ele leu dos clássicos. Aqui eu destacaria três deles.

Primeiro, Platão tem um diálogo pouco conhecido, mas muito fundamental, sobre a amizade. Segundo, Aristóteles dedica dois livros de *Ética a Nicômaco* ao tema. Para se ter uma ideia da importância que ele dava à amizade, no mesmo tratado, só há um livro sobre justiça. Como *Ética a Nicômaco* é uma reflexão sobre a vida boa e sobre a vida feliz feita por Aristóteles para o filho, podemos deduzir que, para Aristóteles, uma vida boa pressupõe boas amizades. Ele chega a dizer que ninguém escolheria viver sem amizade. Eu acho essa frase totalmente exagerada. Será que ninguém escolheria mesmo viver sem amizade? E proponho a seguinte reflexão típica da ficção científica: um meteoro acertou o planeta e o leitor, como o azarado do ano, ficou sozinho por aqui. Só sobrou você. Sendo assim, não há nenhuma chance de ter amigos. Você vai se matar por isso? Eu tenho minhas dúvidas. De modo inverso, também tenho minhas dúvidas de que a amizade, sozinha, segure uma vida que faça sentido. Não sei se é porque meu olhar é o de alguém do século XXI e o de Aristóteles era outro. Mas, ainda assim, acho que a amizade é muito legal.

Ilan – Aristóteles dizia: "Sou amigo de Platão, mas a minha maior amiga é a verdade".

Clóvis – Havia uma rivalidade entre ele e Platão. Quando Aristóteles fala da amizade, ele dá uma importância enorme àquilo e diz, também, que, sem amizade, a vida não vale a pena ser vivida. Eu penso o seguinte: a vida é ruim com amigo também. Não vamos, então, inflar a importância do tema. Mas essa é uma reflexão pessoal. Eu abro mão de defendê-la no segundo seguinte, como tudo.

Um terceiro clássico muito importante é de **Cícero**, com sua obra *Da amizade*.* Portanto, Montaigne constrói uma reflexão sobre a amizade marcando suas diferenças de uma pessoa moderna em relação a esses clássicos que citei. E eu diria que a proposta moderna e contemporânea de amizade, além de ser um liame entre duas pessoas, é uma direção do espírito e dos afetos para aquilo que é entendido com as mais altas determinações que se possa alcançar: relações voluntariamente procuradas, aprofundadas, prolongadas, com expectativa de longevidade. Fundadas em respeito mútuo, generosidade e benevolência recíprocas, querer bem ao outro, confiança recíproca como certeza a respeito do comportamento do outro em sua direção, comunicação franca. Poderíamos falar em transparência também. Uma tripla transparência: de afetos, pensamentos e discursos. Em uma intimidade que é escolhida e, portanto, se

---

* Obra publicada no Brasil em segunda edição pela editora Martins Fontes em 2012. (N.E.)

discrimina da família, que não escolhemos. Uma intimidade que não é pautada pela posse, ou pela avidez da posse. Que não é pautada pela falta e, portanto, é uma intimidade desapaixonada, deserotizada no sentido platônico do termo. Uma intimidade que deseja e se regozija com a presença, mas que não cobra a presença no caso da falta, como acontece em uma paixão avassaladora. Eu diria que a amizade sempre se dará sem uma dimensão de dominação. Entre indivíduos iguais, igualmente soberanos, livres, concernidos nesse respeito, nessa confiança, nessa comunicação franca. Entre indivíduos que constituem uma espécie de comunidade feliz. Comunidade essa que permite tornar os amigos mais fortes ou menos frágeis quando a felicidade falta.

Aristóteles, em *Ética a Nicômaco*, propõe três olhares complementares sobre a amizade: uma amizade fundada no prazer compartilhado; uma amizade fundada na utilidade e uma amizade fundada na virtude. Alguém dirá que Fulano não é seu amigo; é um interesseiro. Ora, Aristóteles não comprava essa ideia, não. Ele achava que um olhar da amizade era um olhar utilitarista. Quer dizer, precisamos do outro para alcançar nossos objetivos. E talvez o outro precise de nós para o mesmo. Eis um exemplo: eu tenho uma professora de italiano. Ela me é útil porque sabe uma língua que eu não sei. Em contrapartida, esse é o trabalho dela, e eu tenho o dinheiro que ela cobra pelas aulas. Obviamente, somos solidários. Ou seja, um por todos e todos por um. Portanto, uma amizade pode surgir de uma relação estritamente utilitária. E essa relação é móvel, é possível que acabe o interesse pelo italiano, que a professora pare de dar aulas, mas a amizade continue. Porque o eixo da amizade terá se deslocado do interesse para outro lugar.

A segunda perspectiva da amizade é o compartilhamento de emoções, de afetos. É uma espécie de copresença que patrocina uns e outros. Eu diria afetos positivos, alegrias, prazeres etc. É o caso do meu amigo Ronaldo, quando jogava gol a gol comigo. Fizemos isso por 50 anos, meio século. Dos 5 aos 55 jogando gol a gol. É claro, há uma amizade, um prazer compartilhado, uma atividade comum. Mas, para Aristóteles, esses dois tipos de amizade são acidentais. Por quê? Acabou a utilidade, acaba a amizade. Acabou a condição de ter prazer junto, como no caso do futebol, acaba também a amizade. Portanto, só haveria uma amizade que talvez fosse de um nível mais elevado, com a pretensão de uma longevidade maior: aquela calcada na admiração do caráter do outro. Entendendo por caráter a reunião de virtudes morais que uns e outros podem mobilizar na hora de viver, assim como a coragem, a temperança, a justiça, a tolerância, a honestidade, e assim por diante. Tudo isso compõe o caráter de uma pessoa. E a amizade que se funda no caráter é mais longeva. Por quê?

Diferentemente dos interesses e dos prazeres, o caráter é mais enraizado, mais difícil de mudar – não que isso não possa acontecer. Evidentemente, nesse caso, se você é um amigo pela admiração que tem pelo caráter do outro, sua amizade tenderá a durar muito mais do que nos dois primeiros casos.

Podemos dizer que o caso da relação estritamente utilitária perdeu o estatuto de amizade no mundo moderno e contemporâneo. É um pouco o que Montaigne tenta nos ensinar. Ele diz que *philia* é, pelo amigo, sair correndo feito louco. Uma relação poderosíssima. Porque existe aí um gesto que não é meramente solidário, mas profundamente generoso, em que se abre mão do próprio conforto, da comodidade, da tranquilidade em nome da tranquilidade da alma alheia. Não é todo dia que se encontra isso. Não há como ter milhares de amigos, como o filho de Jessé, da história que você contou, Ilan. Porque, se um amigo é aquele em prol do qual se sai correndo, cruzando o sinal vermelho, se a pessoa tiver milhares deles, não há como dar conta. Um amigo, por definição, é raro, nobre, biscoito fino, diamante lapidado ao longo de anos de convivência. E penso que o mundo contemporâneo não é dos mais propícios a esse tipo de entrega. Porque é um mundo onde tudo parece convidar para a defesa dos próprios ganhos, interesses e, portanto, tudo parece estimular uma vida pautada em um egoísmo que dificulta relações de amizade como essa que acabei de exemplificar.

Você sabe, Ilan, que Rousseau não é particularmente conhecido como alguém que fala de amizade. Mas é conhecido como alguém que teve muitos desafetos por todos os cantos. Ele era totalmente paradoxal. Um iluminista que não era iluminista, um moderno que não era moderno. Pelo contrário, ele achava que a Modernidade prostituía, corrompia, apequenava, e que os grandes valores eram os da Antiguidade. O que Rousseau diz sobre a Modernidade, como no texto *Discurso sobre as ciências e as artes*,* é muito explicativo a respeito do que acontece com a amizade nos dias de hoje. Ela não passa da profundidade de um pires. Ou seja, toma-se um café junto, troca-se meia dúzia de palavras, compartilha-se o ódio por algum político e pronto. Isso faria Montaigne sorrir. Porque o que ele tenta nos mostrar é a ideia de intimidade, aquilo que só certa pessoa sabe. E nem é, necessariamente, porque lhe contamos, mas porque ela nos observou, porque nos conhece melhor do que ninguém. Isso nem sempre significa estar 24 horas por dia grudados, mas ter qualidade de relacionamento. O que poderíamos concluir, então? Que a amizade nos cobra a possibilidade de nos abrirmos para alguém de maneira

---

* Publicado no Brasil por diversas editoras. (N.E.)

singular, e de nos interessarmos pela abertura de alguém de maneira singular, única, restrita, extraordinariamente profunda. Alguém poderia dizer: "Você está doido! Vai levar uma rasteira! Na primeira tristeza, o outro faz um relatório na internet com direito a detalhes horrorosos sobre você". Então, toda recomendação é: "Preste atenção, não se abra". Por quê? Porque há um risco imenso de achincalhe público, de uma devastação reputacional que adviria de um eventual atrito. E aí, por conta de uma maledicência, uns e outros se veem devastados publicamente quando, na verdade, o que se pretendia era só uma amizade sincera.

Ilan – Sua fala explica um pouco por que as amizades hoje são tão superficiais nesta geração do mundo digital – do desempenho, como diria o filósofo sul-coreano Byung-Chul Han –, que vive em uma sociedade na qual a intimidade desapareceu. Eu me lembro de que, certa vez, dei uma palestra em alguma cidade do Brasil e, depois, fui jantar com um grupo de pessoas. Eu não conhecia quase ninguém ali. Nesse grupo, havia um homem que começou a falar da depressão que tinha, dos remédios que tomava. Ele era jovem, e contou todo o diagnóstico em uma mesa de desconhecidos, o que é um pouco o que acontece na internet. A intimidade como a gente conhecia desapareceu. E, quando a intimidade e a singularidade desaparecem, tudo se torna público. Desse modo, amizades enraizadas são quase impossíveis.

Em casa, eu e minha esposa sempre incentivamos muito que nossas filhas cultivassem as amizades, acreditamos piamente na visão de Jessé, de que a grande riqueza está na verdadeira amizade – que seja uma, mas verdadeira. Quando você falou sobre a Modernidade, Clóvis, eu também me lembrei de algo terrível que tem acontecido. Eu li uma matéria* tempos atrás sobre algumas escolas europeias e americanas que proibiram as crianças pequenas de terem BFF.** Ou seja, de ter um melhor amigo. Isso é ser antiamizade, a anti-intimidade. É exatamente o que o mundo digital vem fazendo. A pessoa tem milhares de amigos ali, todos parecem iguais, mas basta um deslize para ela ser massacrada. E os que ficam, os verdadeiros amigos, são aqueles que jogam bola junto, gol a gol, como você contou, Clóvis.

Um outro ponto que gostaria de colocar é que, em pesquisas sobre longevidade e vida boa, as pessoas que vivem mais falam sempre sobre a importância da amizade, de como isso tem relação com a qualidade de vida. Por isso, é importante ensinar as crianças a cultivar amizades.

---

*   Ver: https://health.usnews.com/wellness/for-parents/articles/2018-01-05/should-schools-ban-kids-from-having-best-friends (N.E.)

** Sigla em inglês para *best friend forever*. (N.E.)

Lembrando que as relações da internet não são as mesmas relações das quais estamos falando aqui. São relações efêmeras, superficiais, não são reais.

Outro ponto, quando você falou, Clóvis, de se entregar para o outro e ele apunhalar a pessoa, eu me lembrei de **Chimamanda Ngozi Adichie**, uma escritora nigeriana maravilhosa. Ela conta de uma aluna que tinha entrado em sua intimidade, com a qual ela se abriu, e essa aluna lhe deu uma punhalada.

Em pesquisas sobre longevidade e vida boa, as pessoas que vivem mais falam sempre sobre a importância da amizade, de como isso tem relação com a qualidade de vida. Por isso, é importante ensinar as crianças a cultivar amizades.

Enfim, também temos que tomar alguns cuidados.

Mas agora eu quero lembrar de um encontro seu, Clóvis, a que assisti, sobre a alma. Uma aula brilhante sobre como o mundo judaico-cristão e os antigos gregos entendem a alma. E eu fiz a seguinte analogia: no judaísmo, a alma e o corpo são amigos; na Grécia Antiga, inimigos. Aliás, nessa aula, você falou sobre o *ruach*, o sopro divino, quando Deus sopra no nariz de Adão a *neshamah*, que é alma em hebraico. Existe um *midrash*, que é uma espécie de "fofoca" bíblica, que conta por que Deus assoprou a alma pelo nariz e não pelas orelhas, pela boca, ou pelos olhos de Adão. Deus, quando quis que Adão se levantasse, pensou: "Vou assoprar a alma nele. Vou colocar a minha centelha de vida nele. Mas por onde vou fazer isso?". Deus ponderou: "Hum, pela boca não vai dar certo. Porque o homem, quando estiver pronto, vai falar tanta besteira que não dá para pôr a alma pela boca. Isso vai estragar tudo. Pelos ouvidos também não, porque o homem vai ouvir coisas ruins. Ele não vai só falar, mas também ouvir coisas ruins. E pela visão? Ele vai invejar pela visão". Quando Deus olhou para o nariz de Adão, decidiu: "Será pelo nariz, porque o homem sempre rejeitará o cheiro ruim. Ele vai apreciar apenas o cheiro bom". Ele, então, levantou o nariz de Adão e colocou ali a centelha divina.

Clóvis – A concepção de ser humano na tradição judaica é uma concepção unitária, na qual corpo e alma compõem um todo único. Portanto, poderíamos dizer que a concepção judaica de ser humano é exatamente o que Montaigne diz da amizade. Que os amigos são, de tal maneira íntimos, de tal maneira conhecedores uns dos outros, que acabam quase se tornando uma unidade. E, naturalmente, é isso mesmo. A vida de carne e osso, essa que a gente vive, tem um valor extraordinário porque é por meio dela que mantemos uma aliança com o divino. Como você acabou de lembrar, Ilan, Deus nos soprou o *ruach*, que é o sopro divino e é a própria vida. Portanto, a vida é o nosso bem mais precioso. Ela tem que ser preservada a qualquer preço. Daí o horror ao homicídio, ao suicídio, a comer carne com sangue. Porque o sangue simboliza que ainda há vida. A vida é muito importante. E a morte é, digamos, uma ruptura da nossa aliança com o divino. A morte só será vencida com a ressurreição dos corpos, dada essa unidade de corpo e alma da tradição judaica.

Pois bem, e qual é a nossa tradição ocidental? A grega. Veja como tudo muda: a alma sempre existiu. De repente, ela é convocada e cai aprisionada, em um cárcere, uma tumba, que é o corpo. E aí, claro, tem um "Delta T", um intervalo de tempo em que a alma está presa no corpo, que é uma vida da alma rebaixada. E poderá ser muito rebaixada. O símbolo do rebaixamento da alma na vida é que ela tem que beber água do Lete, o rio do esquecimento. O indivíduo esquece o que aconteceu antes com a alma. Dependendo do quanto beber dessa água, ele não terá nem a mais remota chance de resgatar as coisas que tinha na alma. E então, quando ele morre, a alma volta, ela sobe. Ou seja, enquanto na tradição judaica temos que ressuscitar corpo e alma porque não existe um sem o outro e é a vida, nossa vida, que é a aliança com Deus, na tradição grega é praticamente o contrário. Primeiro, não há que ressuscitar nada. O corpo é uma tumba, uma prisão. Se morrermos, tanto melhor. E a alma não precisa ressuscitar por uma razão muito simples: ela é eterna. Ela não morre nunca. Portanto, a melhor vida possível é aquela em que o corpo atrapalha menos a alma. Ora, isso está longe de configurar uma amizade. Afinal, nessa concepção, o corpo é entendido como vida rebaixada, como fonte de erros, sombras, percepções, equívocos, desgraças. E só a alma fora da caverna é que pode salvar um pouco as coisas.

Portanto, Ilan, sua analogia é muito bem-vinda. Mas eu queria fazer uma pequena provocação: talvez, por isso, possamos concluir que Jesus não era cristão. Porque a tradição triunfante nos tempos em que estamos é a grega. Já estive em muitos velórios doloridos para mim, com um destaque imenso para o do meu pai e o da minha mãe, e nos dois casos o sacerdote foi explícito: não se entristeça, porque a alma é eterna. Em nenhum momento, o sacerdote falou aquilo em que Jesus acreditava, que haveria uma ressurreição do corpo, da unidade. E esse, sim, uma vez ressuscitado, seria eterno.

Sócrates e Platão, em relação a seu entendimento de alma, encontram aplauso, abrigo e homenagem cada vez que um sacerdote, que fala em nome de Jesus, se esquece da ressurreição dos corpos e coloca ênfase na mera imortalidade da alma. Acredite, para Jesus, isto é, para a tradição judaica – dado que ele era judeu –, falar em imortalidade da alma não tem o menor sentido. Por quê? Porque o corpo e a alma são uma coisa só, uma antropologia unitária. Portanto, quando o corpo morre, tudo morre. É por isso que Jesus ressuscita seu amigo Lázaro. O apreço de Jesus pela vida nada tem a ver com o que diz o sacerdote no velório. Porque é no sopro da vida que Yahweh sopra o *ruach*, que está a nossa aliança com Deus.

Sempre me emociono com a história de um menino curado de um câncer, mas que acabou falecendo de pneumonia aos 2 anos. Como eu era amigo da família, fui chamado para falar na missa de sétimo dia. Houve um mal-estar imenso. Porque falamos eu e o sacerdote. O sacerdote veio com um discurso platônico clássico, de imortalidade da alma; eu, com um discurso de defesa da vida. Em meu discurso, disse que Deus deu o sopro divino para aquele menino tomar *milk-shake* comigo, comer banana *split*. Eu ia levá-lo ao estádio do Morumbi, ensiná-lo a falar francês. Eu ia lhe dar os primeiros livros de filosofia. Eu ia escrever um livro de filosofia para crianças para ele gostar disso. Cadê a vida não vivida? Cadê a vida roubada? Como assim está tudo bem? "Fique tranquilo porque, em breve, estaremos todos juntos" – sim, só que a pessoa que diz isso viveu 70 anos, e o menino só 2. Portanto, essa defesa veemente da vida é um convite ao nosso leitor para que possa pensar a respeito. E, quem sabe, entender que, talvez, as amizades possam permitir que, nos momentos de devastação, de dor, de angústia, de ansiedade, nos tornemos, se não mais fortes, menos frágeis. Isso já estaria de ótimo tamanho. Porque o tal do *ruach*, a vida, é alguma coisa que é tão concreta que basta olhar para um cadáver para entender que ali falta tudo. Ali já não há mais nada. É a diferença entre carne e corpo. O corpo é a carne mais o *ruach*. A carne é o corpo menos o *ruach*.

Para concluir, eu quero dizer que espero que esteja sendo gestada uma grande amizade entre nós, Ilan, porque, para mim, seria uma grande honra. Você é uma criatura iluminada. Quando você passa a palavra para mim, Ilan, eu lamento muito, porque queria que falasse mais, que contasse outra história. Porque, quando você conta uma história, faz acontecer aquilo que costumo chamar de um instante de vida boa. É aquele instante que, de tão bom, não queremos que acabe.

Ilan – **Guimarães Rosa** tem uma frase linda, que diz o seguinte: "Quando a gente ouve uma história, o minuto para". Mas isso não vale só para as histórias. Quando eu ouvi sua aula sobre a alma, Clóvis, o minuto também parou. E me lembrei de uma palavra que tem relação com nossa conversa, que é "concordar". Os amigos discordam, mas concordam muito também. Amizade tem um quê de concordar. E concordar vem do latim, significa "com coração", "coração próximo", *concordes*. Quando concordamos com o outro, o coração se aproxima. Os sufis, que é o ramo místico do islamismo, dizem que as pessoas brigam porque seus corações estão distantes. Então, elas precisam gritar alto para o coração escutar. Quando as pessoas concordam, os corações estão próximos, e elas sussurram. Por isso, eu quero falar da minha admiração recíproca por você, Clóvis. Que esta amizade venha para ficar.

Glossário

Acemoglu, Daron (1967): Economista turco, professor no Instituto de Tecnologia de Massachusetts (MIT), seu trabalho volta-se, sobretudo, às pesquisas sobre desigualdade social, tendo recebido diversos prêmios por suas contribuições na área.

Adichie, Chimamanda Ngozi (1977): Escritora nigeriana, é uma das figuras mais importantes do feminismo. Ficou conhecida especialmente pelos livros *Sejamos todos feministas* e *Para educar crianças feministas*.

Allen, Woody (1935): Cineasta, roteirista, escritor e ator americano, a maioria de seus filmes trata das neuroses humanas, sobretudo daquelas características dos moradores das grandes cidades. Seus enredos apresentam sempre uma crítica mordaz e sutil. Em sua vasta filmografia constam títulos como *Noivo neurótico, noiva nervosa* e *A rosa púrpura do Cairo*.

Aristóteles (384-322 a.C.): Filósofo grego, é considerado um dos maiores pensadores de todos os tempos e figura entre os expoentes que mais influenciaram o pensamento ocidental. Discípulo de Platão, interessou-se por diversas áreas, tendo deixado um importante legado nas áreas de lógica, física, metafísica, moral e ética, além de poesia e retórica.

Arquimedes (287-212 a.C.): Matemático grego, é um dos mais importantes nomes da Antiguidade. Observou que corpos mais densos do que a água afundam, ao passo que os menos densos flutuam, estabelecendo, assim, o princípio de Arquimedes. Dizem os relatos que tal descoberta aconteceu enquanto ele tomava banho, e que teria saído nu pelas ruas gritando "eureca!" (achei!).

Bentham, Jeremy (1748-1832): Pensador e jurista inglês, foi o criador da filosofia política conhecida como utilitarismo. Afirmava que a utilidade de cada objeto era definida por sua capacidade de produzir prazer, concluindo que a sociedade ideal só seria alcançada quando permitisse a felicidade do indivíduo sem que, no entanto, comprometesse o bem-estar coletivo.

Berlin, Isaiah (1909-1997): Filósofo de origem russa, sua trajetória acadêmica se deu no Reino Unido. Considerado um historiador das ideias, dois temas em particular o tornaram célebre no mundo intelectual: a discussão sobre os sentidos de liberdade e a noção de pluralismo dos valores morais.

Bourdieu, Pierre (1930-2002): Sociólogo e filósofo francês, tornou-se, no fim dos anos 1960, uma das maiores figuras da sociologia contemporânea. Fundador da revista *Actes de la recherche em Sciences Sociales*, permanece até hoje um dos sociólogos mais debatidos dentro da comunidade acadêmica.

Cameron, Ewen (1901-1967): Psiquiatra escocês, naturalizado americano, foi o primeiro presidente da Associação Mundial de Psiquiatria. É considerado por muitos como o "pai da tortura", em razão de seus métodos de tratamento de transtornos mentais, que visavam reprogramar o cérebro por meio de choques elétricos e outras práticas polêmicas.

Caminha, Pero Vaz de (1450-1500): Escrivão do navegador e explorador português Pedro Álvares Cabral, redigiu a carta que é o documento inicial da história do Brasil, quando da chegada dos portugueses, narrando o encontro com os indígenas.

Chagnon, Napoleon (1938-2019): Antropólogo americano, ficou conhecido por suas pesquisas em aldeias ianomâmis da Amazônia venezuelana. Provocou controvérsias ao usar a genética e a teoria evolucionista para explicar o comportamento social dos indígenas, retratados por ele como violentos.

Churchill, Winston (1874-1965): Político britânico de carreira militar, foi primeiro-ministro da Inglaterra durante a Segunda Guerra Mundial. Notabilizou-se por seus discursos e publicações, tendo sido contemplado com o Prêmio Nobel de Literatura.

Cícero, Marco Túlio (106-43 a.c.): Advogado, filósofo estoico, senador e escritor romano, foi o maior dos oradores e pensadores políticos romanos e o que mais influenciou os oradores modernos. São famosas suas *Catilinárias*, quatro discursos pronunciados no senado contra Lúcio Sérgio Catilina, chefe de uma conspiração. É autor de extensa obra que compreende discursos, tratados filosóficos e retóricos, cartas e poemas.

Comenius, Jan Amos (1592-1670): Pedagogo theco, entendia a escola como um lugar de formação do ser humano, e não de adestramento. Defendia a universalização do ensino e é considerado o pai da educação moderna. Suas ideias estão reunidas na *Didática magna*, um dos mais importantes tratados de pedagogia.

Copérnico, Nicolau (1473-1543): Cientista, fundador da astronomia moderna. Contrário à ideia de Ptolomeu, defendeu a tese de que todos os planetas, inclusive a Terra, giravam em torno do Sol. Segundo ele, a Terra girava sobre si mesma e as estrelas ficavam muito distantes de nós. Somente após o surgimento de Galileu Galilei é que essa verdade pôde ser provada.

Cortella, Mario Sergio (1954): Filósofo brasileiro, é mestre e doutor em Educação pela PUC-SP, onde lecionou por muitos anos. Foi também secretário municipal de Educação de São Paulo (1991-1992). Hoje, atua como palestrante e é autor de diversos títulos como *As quatro estações da alma: Da angústia à esperança*, em parceria com Rossandro Klinjey, e *Viver, a que se destina?*, com Leandro Karnal.

Dimenstein, Gilberto (1956-2020): Jornalista, obteve reconhecimento dentro e fora do Brasil por suas reportagens investigativas. Ganhou diversos prêmios, como o Prêmio Jabuti de Livro de Não Ficção e o Prêmio Nacional de Direitos Humanos. Foi o idealizador da Cidade Escola Aprendiz, experiência de educação comunitária considerada referência mundial pela Unesco e pelo Unicef.

Dostoiévski, Fiódor (1821-1881): Escritor russo, é considerado um dos maiores romancistas da literatura mundial. Inovador por explorar problemas patológicos como a loucura, suas obras mais conhecidas são *Crime e castigo*, *Notas do subterrâneo* e *Os irmãos Karamazov*.

Drummond de Andrade, Carlos (1902-1987): Um dos maiores poetas brasileiros, de temática introspectiva, sua técnica era destacada pelo meticuloso domínio do ritmo, pela invenção vocabular e pela revalorização da rima. Foi também contista e cronista.

Durkheim, Émile (1858-1917): Nascido na França, é considerado o pai da sociologia. Suas principais obras são *A divisão social do trabalho*, *O suicídio* e *As formas elementares de vida religiosa*.

Einstein, Albert (1879-1955): Físico e matemático alemão, radicado nos Estados Unidos, sua Teoria da Relatividade modificou definitivamente as ideias a respeito do espaço, do tempo e da natureza do Universo. Recebeu o Prêmio Nobel de Física em 1921.

Epicuro (341-270 a.C.): Filósofo grego do período helenístico, seu pensamento foi muito difundido, e numerosos centros epicuristas se desenvolveram no Egito e em Roma. Representa a busca por uma filosofia prática, essencialmente moral, que tem por objeto central a felicidade do ser humano.

Espinosa, Baruch de (1632-1677): Filósofo racionalista holandês, nascido numa família judaico-portuguesa, fundou o criticismo bíblico moderno. Sua obra mais importante, *Ética demonstrada à maneira dos geômetras*, mais conhecida como *Ética de Espinosa*, busca na metafísica um tratado sobre ética pautado no método geométrico, que apresenta uma teoria da felicidade humana construída de forma sistemática e cartesiana.

Ferreiro, Emilia (1941-2023): Psicóloga e pedagoga argentina, radicada no México, fez doutorado na Universidade de Genebra, na Suíça, sob a orientação de Jean Piaget. Foi docente na Universidade de Buenos Aires, onde iniciou trabalhos experimentais, que deram origem aos pressupostos teóricos sobre a *psicogênese do sistema de escrita*, campo que não fora estudado por Piaget e que se tornou um marco na transformação do conceito de aprendizagem da escrita pela criança.

Foster, Jodie (1962): Atriz, produtora e diretora americana, recebeu diversos prêmios por seu trabalho. Foi duas vezes agraciada com o Oscar de Melhor Atriz, a primeira delas por seu papel em *Acusados* e a segunda por sua protagonista em *O silêncio dos inocentes*. Entre outros filmes de sucesso, integrou o elenco de *Contato* e *O quarto do pânico*.

Foucault, Michel (1926-1984): Filósofo francês, dedicou-se a discutir o conceito de loucura, conforme a época, o lugar e a cultura. Foi também um analista agudo do poder em todas as suas formas. Dentre suas obras, destaca-se o livro *Vigiar e punir*.

Frankl, Viktor (1905-1997): Judeu vienense, doutor em Medicina e Psiquiatria e doutor *honoris causa* em diversas universidades mundiais, inclusive no Brasil, foi um existencialista humanista que entendia o homem como um ser ativo, consciente e livre. Esteve em campos de concentração de 1942 a 1945, e ajudava os companheiros de martírio a enfrentar com dignidade os desafios cotidianos.

Freinet, Célestin (1896-1966): Educador francês, fundou um novo modelo educacional que fazia oposição aos procedimentos clássicos de ensino. Atualmente, sua pedagogia é seguida em dezenas de países.

Freud, Sigmund (1856-1939): Médico neurologista e psiquiatra austríaco, ficou conhecido como o "pai da psicanálise" por seu pioneirismo nos estudos sobre a mente e o inconsciente. Sua obra é objeto de questionamento até hoje, mas ainda exerce muita influência na área.

Galilei, Galileu (1564-1642): Físico e astrônomo italiano, abandonou o curso de Medicina na Universidade de Pisa para dedicar-se aos estudos de matemática, geometria e física e à observação do firmamento. Pôs em xeque os métodos de pesquisa universitária de seu tempo, entrando para a história como um divisor de águas no pensamento científico, por suas descobertas – defesa do heliocentrismo – e propostas para uma nova metodologia científica – laicização do saber acadêmico.

Gautama, Sidarta: Não se sabe ao certo a data em que nasceu, mas acredita-se que tenha sido por volta de 560 a.C., no atual Nepal, com morte em torno de 480 a.C. Filho de reis, desde cedo demonstrou interesse pela meditação e pelo pensamento filosófico. Preocupado com o sofrimento humano, abandonou a vida de príncipe para buscar a iluminação, transformando-se no primeiro Buda, que significa "aquele que despertou", dando origem ao budismo.

Gianecchini, Reynaldo (1972): Ator brasileiro, iniciou sua carreira como modelo. Atuou em várias novelas da TV Globo, entre elas, *Laços de família* e *Esperança*, em que foi protagonista.

Guimarães Rosa, João (1908-1967): Ficcionista e diplomata brasileiro, tornou-se conhecido como escritor a partir da publicação de *Sagarana* em 1937. Seu trabalho é marcado pela invenção e pela inovação vocabular. Entre suas obras destacam-se *Grande sertão: Veredas* e *Primeiras estórias*.

Haber, Fritz (1868-1934): Químico alemão, ganhou o Prêmio Nobel de Química em 1918 por descobrir como produzir amônia artificialmente, o que foi muito importante para a agricultura e a indústria de fertilizantes. Suas pesquisas, por outro lado, também possibilitaram a criação de armas químicas, tendo participado ativamente da Primeira Guerra Mundial.

Han, Byung-Chul (1959): Filósofo de origem sul-coreana, é professor na Universidade de Berlim, na Alemanha. Crítico da sociedade do consumo e do mundo digital, tem se dedicado a entender o impacto do capitalismo na saúde mental das pessoas. É autor de livros como *Sociedade do cansaço* e *No enxame: Perspectivas do digital*.

Henrique VIII (1941-1547): Rei da Inglaterra, católico fervoroso, recebeu o título de "defensor da fé" do papa Leão X. No entanto, ao tentar anular seu primeiro casamento, rompeu com a autoridade papal e iniciou a Reforma Inglesa, dissolvendo conventos e mosteiros. Excomungado, criou a Igreja anglicana, mas manteve a integridade do dogma católico.

Hipátia (c. 355-415): Nascida em Alexandria, no Egito, teria sido a primeira mulher matemática da história. Estudou astronomia, religião, poesia, artes e ciências exatas. Apontada como herege, foi assassinada de modo violento. Conta-se que ela voltava para casa quando um grupo de cristãos fanáticos lhe arrancou os cabelos, as roupas, os braços e as pernas; depois, o resto de seu corpo foi queimado.

Hitler, Adolf (1889-1945): Ditador alemão, foi responsável por um dos maiores genocídios da história. Invadiu a Polônia em 1939, provocando a Segunda Guerra Mundial. Mandou milhões de judeus para campos de concentração e conquistou vários países da Europa. Em abril de 1945, foi derrotado pelas tropas soviéticas e suicidou-se em seu *bunker*.

Hobbes, Thomas (1588-1679): Filósofo e teórico político de origem inglesa, suas obras mais conhecidas são *Leviatã* e *Do cidadão*, ambas publicadas em 1651. Defendia que a sociedade só pode viver em paz se todos pactuarem sua submissão a um poder absoluto e centralizado. Além disso, entendia que a Igreja e o Estado formavam um só corpo. O poder central teria a obrigação de assegurar a paz interna e seria responsável pela defesa da nação. Tal soberano – fosse um monarca ou um colegiado – seria o *Leviatã*, de autoridade inquestionável.

Homero: Poeta da Grécia Antiga, teria vivido por volta do século IX a.C. A ele é atribuída a autoria dos poemas épicos *Ilíada*, que versa sobre a Guerra de Troia, e *Odisseia*, que narra a epopeia de um herói para retornar a sua terra natal. Sua obra valoriza a virtude do homem nobre.

Hugo, Victor (1802-1885): Poeta e romancista francês, é considerado o líder do movimento romântico da literatura francesa. Em sua produção, uniu religião, política e filosofia humana e social. É autor de clássicos como *O corcunda de Notre Dame* e *Os miseráveis*.

Hume, David (1711-1776): Filósofo e historiador inglês, defendia a experiência e a observação como métodos para fundamentar as ciências morais. Dentre suas obras, destacam-se *Tratado da natureza humana* e *Investigação sobre o entendimento humano*.

Kant, Immanuel (1724-1804): Filósofo alemão, suas pesquisas o conduziram à interrogação sobre os limites da sensibilidade e da razão. A filosofia kantiana tenta responder às questões: Que podemos conhecer? Que podemos fazer? Que podemos esperar? Dentre suas obras, destacam-se *Crítica da razão pura*, *Crítica da razão prática* e *Fundamentação da metafísica dos costumes*.

Khomeini, Ruhollah (1900-1989): Líder espiritual e político da Revolução Islâmica que depôs o xá Reza Pahlavi, em 1979, assumiu o poder e proclamou a República Islâmica do Irã, que governou até morrer, dez anos depois. Marcaram seu governo atitudes contrárias aos Estados Unidos – que apoiaram Saddam Hussein na guerra Irã-Iraque iniciada em 1980 –, culminando no rompimento das relações entre os dois países.

La Boétie, Étienne de (1530-1563): Humanista e filósofo francês, sua obra mais importante é *Discurso da servidão voluntária*, em que questiona as razões que levam um povo a se submeter à vontade de um tirano. Por fim, conclui que o maior bem do cidadão é a liberdade.

Labatut, Benjamín (1980): Escritor nascido na Holanda, naturalizado chileno, foi finalista do importante prêmio literário International Booker Prize em 2021 pelo livro *Quando deixamos de entender o mundo*, que traz histórias de cientistas no limite da razão.

Lacan, Jacques (1901-1981): Psicanalista francês, propôs um retorno às ideias de Freud, focando seus estudos na manifestação do inconsciente como linguagem.

Levi, Primo (1919-1987): Químico italiano, de origem judaica, foi deportado para o campo de concentração de Auschwitz durante a Segunda Guerra Mundial. Sobrevivente do Holocausto, narrou os horrores vividos ali no livro *É isto um homem?*, publicado em 1947.

Lévi-Strauss, Claude (1908-2009): Belga de nascença, é um dos grandes pensadores do século XX e um dos expoentes do estruturalismo. Foi professor honorário do Collège de France, onde ocupou a cátedra de Antropologia Social de 1959 a 1982. No Brasil, onde esteve de 1935 a 1939, desenvolveu trabalhos sobre os povos indígenas, além de ter ministrado cursos de Sociologia na Universidade de São Paulo. Autor de renome internacional, entre seus livros estão *As estruturas elementares do parentesco*, *Tristes trópicos* e *O pensamento selvagem*.

Locke, John (1632-1704): Filósofo inglês, ideólogo do liberalismo e do Iluminismo, é considerado o principal representante do empirismo britânico e um dos mais importantes teóricos do contrato social. Em oposição ao cartesianismo, sustentou que o ser humano nasce sem ideias inatas e que o conhecimento é determinado apenas pela experiência derivada da percepção sensorial.

Machado de Assis, Joaquim Maria (1839-1908): Carioca de origem humilde, é considerado um dos maiores escritores da língua portuguesa. Suas obras vão de poesias a crônicas, passando por todos os gêneros literários. Fundador da Academia Brasileira de Letras, foi por mais de dez anos seu presidente. Entre seus principais livros estão *Memórias póstumas de Brás Cubas* e *Dom Casmurro*.

Maquiavel, Nicolau (1469-1527): Autor de *O príncipe*, estabelece uma separação entre política e ética, defendendo que os fins justificam os meios. Emprega com frequência, em suas obras, os conceitos de *virtù* e *fortuna*.

Martins, João Carlos (1940): Um dos mais importantes pianistas e maestros brasileiros, ao longo de sua carreira, uma série de eventos comprometeu seriamente os movimentos de suas mãos, mas não o impediu de continuar atuante. Seu trabalho é reconhecido mundialmente.

Meir, Golda (1898-1978): Foi a primeira e única mulher até o momento a ocupar o posto de primeira-ministra de Israel. De origem judaica, nascida na antiga União Soviética, mudou-se para a Palestina e começou sua atuação política em uma comuna israelita. Em 1948, foi uma das fundadoras do Estado de Israel.

Meireles, Cecília (1901-1964): Nascida no Rio de Janeiro, foi professora, conferencista, tradutora e poetisa. Sua obra é marcada pelo lirismo excepcional e pelo sentimento da transitoriedade de tudo, que bem reflete sua compreensão das relações entre o efêmero e o eterno.

Mill, John Stuart (1806-1873): Filósofo e economista inglês, teve sua educação orientada desde o início dentro do utilitarismo. É considerado um dos mais importantes pensadores do século XIX.

Mirandola, Pico della (1463-1494): Pensador humanista italiano, dedicou-se aos estudos da filosofia, da teologia e de outras crenças, acreditando ser possível conciliá-las, sendo condenado por heresia pela Igreja católica. Seu trabalho mais conhecido é *Discurso sobre a dignidade do homem*, em que postula que a raiz da dignidade reside no fato de que somente os seres humanos podem mudar a si mesmos pelo livre-arbítrio. Morreu jovem, em circunstâncias misteriosas.

Monja Coen (1947): Missionária oficial da tradição Soto Shu do zen-budismo e primaz fundadora da comunidade zen-budista Zendo Brasil, em São Paulo, orienta diversos grupos no Brasil e participa de atividades públicas promovendo o princípio da não violência ativa e da cultura de paz. Tem vários livros publicados, entre eles *O inferno somos nós*, com Leandro Karnal, e *Nem anjos nem demônios*, com Mario Sergio Cortella.

Montaigne, Michel de (1533-1592): Filósofo, jurista e político francês, defendia o conhecimento de si mesmo como ponto de partida para uma ação em acordo com a verdadeira natureza do homem. Em 1572, começou a escrever os *Ensaios*, cuja edição definitiva viria a público somente em 1595, após sua morte. Na obra, estabelece um vínculo entre sua própria condição humana e o conceito universal de homem.

Montenegro, Fernanda (1929): Nascida Arlette Pinheiro Monteiro Torres, é conhecida como a grande dama da dramaturgia brasileira. Atuou no teatro, em telenovelas e no cinema, tendo sido indicada, em 1999, ao

Oscar de Melhor Atriz pelo filme *Central do Brasil*. Também escritora, em 2021, foi eleita "imortal" da Academia Brasileira de Letras.

Nietzsche, Friedrich (1844-1900): Filósofo alemão, elaborou críticas devastadoras sobre as concepções religiosas e éticas da vida, propondo uma reavaliação dos valores humanos. Algumas de suas obras mais conhecidas são *A gaia ciência*, *Assim falou Zaratustra*, *Genealogia da moral* e *Ecce homo*.

Oz, Amós (1939-2018): Escritor israelense e cofundador do movimento Paz Agora, sua obra foi amplamente traduzida, tendo sido contemplado com diversos prêmios literários.

Paes, Juliana (1979): Atriz brasileira, seu primeiro papel de destaque foi na novela *Laços de família*, exibida pela TV Globo em 2000. Ao longo de sua carreira, fez personagens marcantes como a protagonista da novela *Caminho das Índias* e a vendedora de bolos Maria da Paz, em *A dona do pedaço*.

Pahlavi, Reza (1919-1980): Foi o último xá do Irã, autoproclamado o "rei dos reis". Aliado dos Estados Unidos, promoveu reformas sociais inspiradas no Ocidente que provocaram a ira de líderes religiosos. Foi deposto em 1979 por Ruhollah Khomeini, líder da Revolução Islâmica.

Pascal, Blaise (1623-1662): Filósofo, escritor, matemático e físico francês do século XVII, foi o primeiro grande prosador da literatura francesa. Sua filosofia apologética postula que há mais ganho pela suposição da existência de Deus do que pelo ateísmo, e que uma pessoa racional, mesmo que por prudência, deveria pautar sua existência como se Deus existisse.

Pelé [Edson Arantes do Nascimento] (1940-2022): Considerado o maior atleta de todos os tempos, o mineiro de Três Corações ficou conhecido como o rei do futebol. Começou sua carreira profissional aos 15 anos no Santos e, aos 16 anos, entrou para a seleção brasileira. Após se aposentar do futebol, foi ministro do Esporte entre 1995 e 1998, no governo de Fernando Henrique Cardoso, e criou a Lei Pelé, que instituiu o fim do passe para os jogadores.

Pitt, Brad (1963): Ator e produtor americano, é bastante conhecido por sua atuação em filmes como *Clube da luta, Sr. e Sra. Smith* e *Bastardos inglórios*. Em 2020, recebeu o Oscar de Melhor Ator Coadjuvante por seu papel em *Era uma vez em... Hollywood*.

Platão (427-347 a.C.): Um dos principais filósofos gregos da Antiguidade, discípulo de Sócrates, influenciou profundamente a filosofia ocidental. Considerava as ideias o próprio objeto do conhecimento intelectual. O papel da filosofia seria libertar o homem do mundo das aparências para o mundo das essências. Escreveu 38 obras que, pelo gênero predominante adotado, ficaram conhecidas pelo nome coletivo de *Diálogos de Platão*.

Popper, Karl (1902-1994): Filósofo britânico de origem austríaca, desenvolveu o princípio da falseabilidade, segundo o qual uma teoria só pode ser considerada científica quando é possível prová-la falsa. Foi influenciado pelo ambiente cultural da Viena do início do século XX, momento de emergência de uma corrente filosófica que viria a ter impacto mundial: o neopositivismo. Suas principais obras são *A lógica da investigação científica, A sociedade aberta e seus inimigos* e *Conjecturas e reflexões*.

Quinto Ênio (239-169 a.C.): Dramaturgo e poeta romano, entre outros escreveu tragédias e o poema épico *Anais*, no qual conta a história de Roma até seus dias.

Rawls, John (1921-2002): Filósofo e político americano, ficou conhecido por sua teoria da justiça como equidade. Para definir os princípios de justiça de uma sociedade, os indivíduos deveriam estar submetidos a um "véu da ignorância", isto é, que lhes ocultaria o conhecimento de sua classe social, seus talentos naturais e suas capacidades. Entre suas principais obras estão *Uma teoria da justiça, Liberalismo político* e *O direito dos povos*.

Robinson, James A. (1960): Economista e cientista político britânico, é professor na Universidade de Chicago, nos Estados Unidos, especialista em América Latina e África.

Roosevelt, Franklin Delano (1882-1945): Presidente dos Estados Unidos por quatro mandatos, foi eleito para o primeiro deles em um período em que o país enfrentava grandes dificuldades socioeconômicas, em consequência da Grande Depressão posterior à crise da bolsa de 1929, quando pôs em prática o *New Deal*, um programa de recuperação econômica.

Roterdã, Erasmo de (1466-1536): Filósofo e escritor holandês, foi um dos primeiros autores de grande vendagem no mundo. Dedicou-se à leitura dos clássicos, tornando-se um dos homens mais cultos de seu tempo.

Rousseau, Jean-Jacques (1712-1778): Filósofo e enciclopedista suíço, foi um dos grandes nomes do Iluminismo francês, conhecido por defender que todos os homens nascem livres. Sua obra abrange uma vasta dimensão de pensamento e de complexidade sobre a natureza humana e as estruturas sociais.

Russell, Bertrand (1872-1970): Matemático e filósofo britânico, foi um dos mais influentes pensadores do século XX, conhecido por suas campanhas a favor da paz e do desarmamento. Crítico das instituições sociais opressoras, participou ativamente de movimentos pela defesa da liberdade humana. Recebeu o Prêmio Nobel de Literatura em 1950.

Sagan, Carl (1934-1996): Astrônomo americano, seus interesses principais envolviam a pesquisa de vida extraterrestre. Ficou conhecido por seus livros de divulgação científica e pela série televisiva *Cosmos: Uma viagem pessoal*. É autor também do romance *Contato*, que serviu de base para o filme de mesmo nome.

Saramago, José (1922-2010): Escritor português de projeção internacional, após a escola secundária, por dificuldades econômicas, não pôde prosseguir com os estudos. Trabalhou como serralheiro, desenhista, funcionário de saúde e de previdência social, editor, tradutor e jornalista. Publicou seu primeiro romance em 1947. A partir de 1976, passou a viver apenas de seus trabalhos literários, primeiro como tradutor, depois como autor. Recebeu diversos prêmios, entre os quais o Nobel da Literatura, em 1998.

Sartre, Jean-Paul (1905-1980): Filósofo e escritor francês, foi um dos principais representantes do existencialismo. Romancista, dramaturgo e crítico literário, conquistou o Prêmio Nobel de Literatura, em 1964, mas o recusou. *Crítica da razão dialética*, que sintetiza a filosofia política do autor, *O ser e o nada* e *O muro* são algumas de suas obras mundialmente conhecidas.

Schopenhauer, Arthur (1788-1860): Filósofo alemão, causou grande polêmica em sua época, sobretudo por seu extremo pessimismo. Como pensador metafísico, contestou a filosofia hegeliana e incorporou o pensamento oriental. *Parerga e Paralipomena* e *O mundo como vontade e representação* são seus livros mais conhecidos.

Shakespeare, William (1564-1616): Embora seus sonetos sejam até hoje considerados os mais belos de todos os tempos, foi na dramaturgia que o autor ganhou destaque. Escreveu tragédias, dramas históricos e comédias que continuam marcando o cenário teatral da atualidade. O sucesso de seus textos se deve ao fato de lidarem com temas próprios dos seres humanos: amor, relacionamentos afetivos, sentimentos, questões sociais e políticas.

Sócrates (470-399 a.C.): Filósofo grego, não deixou obra escrita. Seus ensinamentos são conhecidos por fontes indiretas. Praticava filosofia pelo método dialético, propondo questões acerca de vários assuntos.

Sólon (c. 640-560 a.C.): Estadista e legislador ateniense, promoveu várias reformas políticas e sociais. Proibiu a escravidão por dívida, aboliu a hipoteca sobre pessoas e bens e a transmissão de poder hereditária, entre outras medidas. É considerado o pai da democracia.

Stendhal (1783-1842): Pseudônimo de Henri-Marie Beyle, foi um escritor francês. Em 1822 publicou *Do amor*, ensaio baseado principalmente em suas próprias experiências. Em sua obra mais conhecida, *O vermelho e o negro*, de 1830, ele retrata a sociedade francesa da época. Nela se pode desfrutar de seu estilo narrativo e de sua brilhante caracterização psicológica dos personagens.

Tchekhov, Anton Pavlovich (1860-1904): Dramaturgo, contista e romancista russo, é considerado um dos mais bem-sucedidos escritores de contos modernos. No que se refere aos traços de sua narrativa, as palavras de ordem são objetividade, frieza, neutralidade e concisão. Além de publicar centenas de contos, tais como *O espelho* e *Uma criança travessa*, e romances como *A estepe*, criou, entre outras, peças de grande fama, como a comédia *A gaivota*.

Teixeira, Anísio (1900-1971): Educador brasileiro, desempenhou importante papel na orientação da educação e do ensino no país. Entre as muitas funções que exerceu, foi secretário-geral da Coordenação de Aperfeiçoamento de Pessoal de Nível Superior (Capes), diretor do Instituto Nacional de Estudos e Pesquisas Educacionais (Inep) e reitor da Universidade de Brasília. É autor de diversas obras, como *Educação para a democracia*, *A universidade e a liberdade humana* e *Educação não é um privilégio*.

Vale, Natália do (1953): Atriz brasileira, estreou na televisão como apresentadora na TV Cultura. Seu primeiro papel foi na novela *Gabriela*, exibida pela TV Globo em 1975. Esteve em várias outras novelas depois, como *Mulheres apaixonadas* e *Páginas da vida*, com personagens de destaque.

Valério Máximo (séc. I a.C.-séc. I d.C.): Escritor romano, deixou como obra *Nove livros de feitos e dizeres memoráveis*, um compilado de anedotas especialmente sobre os costumes dos antigos romanos, de fundo moral.

Valverde, Ísis (1987): Atriz brasileira, ficou conhecida por seu trabalho em novelas. Seu primeiro papel na televisão foi no *remake* de *Sinhá Moça*, exibida pela TV Globo em 2006.

Voltaire (1694-1778): Pseudônimo do filósofo, ensaísta, deísta, iluminista francês e escritor François Marie Arouet, ficou conhecido pela defesa das liberdades civis. Polemista satírico, frequentemente usou suas obras para criticar a Igreja católica e as instituições francesas do seu tempo. Suas ideias influenciaram importantes pensadores da Revolução Francesa.

Vygotsky, Lev Semionovitch (1896-1934): Psicólogo, filólogo e médico, dedicou-se a temas como pensamento, linguagem e desenvolvimento da criança. De sua extensa obra, destacam-se *Pensamento e linguagem* e *A formação social da mente*.

Wittgenstein, Ludwig (1889-1951): Filósofo austríaco, suas principais contribuições se deram no campo da linguagem. Seu pensamento é comumente dividido em duas fases: inicialmente, defende a linguagem como representação do mundo, segundo acordo social; depois, rejeita essa ideia, entendendo o uso da linguagem como mais importante do que sua convenção.

Zeca Pagodinho (1959): Nascido no Rio de Janeiro, Jessé Gomes da Silva Filho é cantor e compositor, considerado um dos grandes nomes do samba brasileiro. Entre seus sucessos, estão as músicas "Deixa a vida me levar" e "Vai vadiar".

Zimbardo, Philip (1933): Psicólogo americano, professor da Universidade de Stanford, foi presidente da Associação Americana de Psicologia. Ficou conhecido por um polêmico experimento que procurava demonstrar a influência do ambiente no comportamento humano.

Zoroastro: Também conhecido como Zaratustra, foi um profeta e poeta nascido na Pérsia (atual Irã), provavelmente em meados do século VII a.C. Fundou o zoroastrismo, uma das religiões mais antigas e duradouras da humanidade. Propunha que o homem encontrasse o seu lugar no planeta de forma harmoniosa, buscando o equilíbrio com o meio natural e social, sob o risco de punição futura diante de má conduta.

Especificações técnicas

Fonte: Adobe Garamond Pro 12,5 p
Entrelinha: 18,5 p
Papel (miolo): Off-white 70 g/m²
Papel (capa): Cartão 250 g/m²
Impressão e acabamento: Paym